قال تعالى : أوعوذ بالله من الشيطان الرجيم

﴿ قُلْ هَلْ يَسْتَوِي الَّذِينَ يَعْلَمُونَ وَالَّذِينَ لَا يَعْلَمُونَ إِنَّمَا يَتَذَكَّرُ أُولُو الْأَلْبَابِ (9) ﴾

**أعلام العرب والمسلمين**

بسم الـلـه الرحمن الرحيم

المملكة الأردنية الهاشمية
رقم الإيداع لدى دائرة المكتبة الوطنية
(2010/11/2215)

523.01
عبابدة، حسان
اعلام العرب والمسلمين/ حسان عبابدة.-المعتز للنشر والتوزيع، 2010.
( ) ص .
ر.أ: (2010/11/2215).
الواصفات: تاريخ وتراجم/
*يتحمل المؤلف كامل المسؤولية القانونية عن محتوى مصنفه ولا يعبرَ هذا المصنف عن رأي دائرة المكتبة الوطنية أو أي جهة حكومية أخرى.

# أعلام العرب والمسلمين

تأليف

حسان عبابدة

الطبعة الأولى

2011م – 1432هـ

دار المعتز

# الفهرس

## المقدمة

لقد قام العلماء العرب والمسلمون بدورهم على أكمل وجه في خدمة الحضارة والمساهمة في تقدم العلوم، والواقع أن هناك كثيرين يجهلون الخدمات التي قدمها العرب والمسلمون للحضارة والعلوم، وأنهم قدموا خدمات علمية جليلة للمدنية.

لقد نقل العرب والمسلمون كنوز الحكمة اليونانية، ولولا ذلك لتأخر سير المدنية بضعة قرون، بل إنهم زادوا على العلوم التي نقلوها وأوصلوها إلى درجة جديرة بالاعتبار من حيث النمو والارتقاء، وسلموها إلى العصور الحديثة.

برع العرب والمسلمون في مختلف العلوم، فبرعوا قي الرياضيات وأجادوا فيها وأضافوا إليها إضافات، أثارت إعجاب الغرب ودهشتهم، واعترفوا بفضل العرب والمسلمين أثرهم في خدمة العلم والعمران.

كما برعوا في علم الفلك وأحدثوا فيه انقلاباً، صححوا أغلاط اليونان والفرس والهنود... وغيرهم، وتوسعوا فيه وجعلوه علماً استقرائياً ولم يتوقفوا عن حد النظريات كما فعل اليونان.

وفي الجغرافيا ساعد العرب على تقدمها وصححوا كثيراً من أغلاط بطليموس، وكشفوا مناطق لم تكن معروفة في بعض القارات، ووصلوا إلى أقصى الأرض ووضعوا المؤلفات القيمة وزينوها بالخرائط.

وفي ميدان الكيمياء فقد كان لجابر بن حيان وبحوثه وبحوث غيره  من علماء العرب والمسلمون أثر في تكوين مدرسة تختص بالكيمياء ذات أثر فعال، وكان لهم النصيب الأوفر في الكيمياء النظرية والتطبيقات والتحليل وكانوا مبتكرين، فعرفوا عمليات التقطير، الترشيح، التذويب، التبلور، والتكلس... الخ.

وهؤلاء العلماء هم أول من استحضروا حامض النتريك، حامض الكبريتيك، الصودا الكاوية، ماء الذهب، كربونات البوتاسيوم، كربونات الصوديوم... الخ.

وفي ميدان الطب حافظ العلماء العرب والمسلمون على هذا العلم وأنقذوه من الضياع وأضافوا إليه إضافات مهمة، لقد رفع العلماء العرب والمسلمون من شأن الطب، ويعود لهم الفضل في جعل الجراحة قسماً مهماً من أقسام الطب، ويعود لهم

الفضل أيضاً في إنشاء المستشفيات وفي الترخيص الشرعي لممارسة الطب والصيدلة.

وفي مجال الصيدلة فقد وضعوا أسسها، وهم أول من أنشأ مدارسها واستنبطوا أنواعاً من العقاقير، ودرسوا خصائصها، وكيفية استخدامها لمعالجة المرضى كما أعطوا من النباتات مواد كثيرة استخدمت للعلاج.

أما في البصريات فقد أوصل العلماء العرب والمسلمون هذا العلم إلى أعلى الدرجات، وأخذ الغرب معلومات هامة في علم الضوء عن ابن الهيثم، هذا العالم الذي أنشأ علماً جديداً هو علم الضوء بمعناه الحديث.

لقد أسهم العلماء العرب والمسلمون في وضع أساس البحث العلمي الحديث من خلال الملاحظة وحب الاستطلاع ورغبة في التجربة والاختبار، فبنوا المعامل للقيام بالتجارب، وأخذوا بالإستقراء والقياس وضرورة الاعتماد على الواقع الموجود.

وفي الصفحات التالية مجموعة من هؤلاء العلماء الرواد في مختلف المجالات، قصدنا أن يتعرف القارئ عليهم وعلى إنجازاتهم العلمية، والترتيب في هذه الموسوعة هو هجائي.

المؤلف

# ابن أبي أصيبعة

**600 - 668 هـ**

**هو: أبو العباس موفق الدين احمد بن القاسم بن خليفة بن يونس السعدي الخزرجي.**

من أطباء العرب المعروفين، ولد في مدينة دمشق في بيت علم وأدب، فقد كان والده من امهر الكحالين أي أطباء العيون.

وبعد أن أتقن موفق الدين العلوم اللسانية على علماء زمانه انصرف إلى تلقي علوم الطب عن والده ، ولكنه رأى أن ما يحسنه والده لا يشفي غليلهً، فانصرف إلى تلقي العلوم التي تبحث في شتى أمراض العيون على كل من يحسنها. وكانت القاهرة في عهده منتهى السبل وملتقى العلماء، والدولة الأيوبية في عز مجدها وسؤددها. فسافر إلى القاهرة والتحق في المارستان الناصري الذي أقامه الملك الناصر صلاح الدين في القاهرة واخذ يعمل ليلاً نهاراً على تحصيل العلم فاشتهر بذكائه وحسن مداواته لأمراض العيون، واستلفت نبوغه المجالس على كرسي الملك فألحقه بخدمة الدولة.

لكن شهرته وصلت إلى أسماع عز الدين وهو في صرخد، إحدى مدن جبال حوران، فأرسل في طلبه، فرحل إليه وأعجبه مناخ صرخد فمكث فيها حتى وافته المنية علم 668 للهجرة.

وقد ترك ذكراً خالداً ومؤلفاً ضخماً ألفه لامين الدولة وزير الملك الصالح ، وهو أحسن كتاب في التراجم لا يشبهه إلا كتاب أخبار الحكماء ، لكنه يمتاز عليه بأنه أوسع وأوفر مادة ، وقاسى في جمعه الصعاب وقضى

السنين الطوال محققاً ومدققاً حتى تمكن من تأليف كتابه هذا ، وقد اسماه **عيون الأنبـاء في طبقات الأطباء.**

ابتدأ بترجمة **كبار الأطباء** زمن الإغريق والرومان والهنود، وقسمه إلى عـدة أقـسام وهـو يحوي ما يفوق عن 400 ترجمة.

# ابن باجة

**هو أبو بكر محمد بن يحيى بن الصائغ التُجيبي السرقسطي المعـروف بـابن باجـة.** أول مشاهير الفلاسفة العرب في الأندلس ، اشتغل أيضاً بالـسياسة والعلـوم الطبيعيـة والفلـك والرياضيات والموسيقى والطب.

يعتبر ابن باجة من الفلاسفة العـرب الأعـلام الـذين ظهـروا في الأنـدلس في أواخـر القـرن الحادي عشر للميلاد. اشتهر بالطب والرياضيات والفلك، وكان محل تقدير العلماء والمؤرخين. فقد اعترف بفضله ابن القفطي ، وابن أبي أصيبعة، وابن خلدون ، والمقري ، ولسان الدين بـن الخطيب ، وغيرهم.

وقالوا عنه انه علامة وقته ومن أكابر فلاسفة الإسلام. ولقـد بلـغ الغايـة في بعـد الـصيت والشهرة والذكر الواسع العريض ، ونال إعجاب ابن رشد وابن طفيل. جـاء في كتـاب حـي بـن يقظان عند التعرض لأهل النظر إن ابن باجة كان ثاقب الذهن صحيح النظـر صـادق الرويـة .....

وله كتاب عثر عليه أخيراً في مكتبـة بـرلين، قـال عنـه الـدكتور عمـر فـروخ: " ... **غـير أن الدهر أن يقسوا على ابن باجة كثيراً فإنه حفظ لنا مخطوطة عظيمة الفائدة في مكتبة بـرلين العامة تقع في 440 صفحة...**" وهذا المخطوط قد غير أحكـام العلـماء عـلى ابـن باجـة . وأزل الغموض عن بعض النقاط، وألقى نوراً على تراثه وآرائه.

وابن باجة فيلسوف ، بنى فلسفته على الرياضيات والطبيعيات، وهذا ما أراد كانـت **Kant** ، أن يسير عليه في فلسفته، ومن هنا يـرى بعـض البـاحثين إن ابـن باجـة خلـع عـن مجمـوع الفلسفة الإسلامية سيطرة الجدل، ثم خلع عليها

لباس العلم الصحيح وسيرها في طريق جديدة....، وكذلك فصل بين الدين والفلسفة في البحث، فهو بذلك أول فليسوف في العصور الوسطى نحا هذا النحو : ويقول الدكتور ( فروخ) : " .... **لما وقف ابن باجة - كما وقف من سبقه من فلاسفة الإسلام _ أمام مشكلة الخلاف بين الشريعة والحكمة، أنتجت له عبقريته أمراً مهماً جداً.**

ذلك بأنه ليس من الضروري أن يهتم بأمر لم يستطع أحد قبله أن يبت فيه، من اجل ذلك لم يتعرض ابن باجة للدين، بل انصرف بكليته إلى الناحية العقلية..." وهو يرى في بحثه عن الحقيقة والعدل سعادة اجتمعت حول نفسه، وان الحياة السعيدة يمكن نيلها بالأفعال الصادرة عن الرؤية، وتنمية القوى العقلية تنمية خالصة من القيود ...".

وقد بين هذا كله وأشار إلى الأفعال الإنسانية وأنواعها في كتابه ( **تدبير المتوحد**) ، وفي رأي ابن باجة إن الفرد لكي يعيش كما ينبغي أن يعيش الإنسان على نور العقل وهداه، عليه أن يعتزل المجتمع في بعض الأحايين.

وهو يطالب الإنسان بأن يتولى تعليم نفسه بنفسه، وانه يستطيع أن ينتفع بمحاسن الحياة الاجتماعية تاركاً مساوئها وان على الحكماء أن يؤلفوا من أنفسهم جماعات صغيرة أو كبيرة، وعليهم أن يبتعدوا عن ملذات العامة ونزعاتهم ويحاولوا أن يعيشوا على الفطرة، ويظهر أن الآراء التي توصل إليها من اعتزال للناس والمجتمع قد أتت من المحيط والأوضاع التي نشأ فيه.

والذي يظهر لنا من حياته إنها لم تكن هادئة سعيدة، بل كانت ملمة بالفاقة والقلق والاضطراب ، فلم تجد في عصره أنيساً يشاطره آراءه وكان

يرى نفسه انه في وحدة عقلية، سودت الحياة في نظره وجعلته يتمنى الموت ليحل على الراحة الأخيرة.

ويعالج في كتابه هذا أعمال الإنسان ويفصل أنواعها للتميز بينها وأنها أمنا تتمايز بالغرض الذي تنتهي إليه، وهو يرى أن بين الإنسان والحيوان رابطة كالتي بين الحيوان والنبات والتي بين النبات والجماد، والأعمال البشرية المحضة والخاصة بالإنسان _ دون سواه_ هي الناشئة عن الإرادة المطلقة : أي عن إرادة صادرة عن التفكير ، لا عن غريزة ثابتة في البشر ثبوتها في الحيوان، فلو أن رجلاً كسر حجراً لأنه جرح به، فإنه يعمل عملاً حيوانياً ، وأما من يكسر حجراً لئلا يجرح به سواه، فعمله هذا يعد عملا إنسانياً.

ويمكن القول أن ابن باجة يرى أن أعمال البشر مركبة على عناصر حيوانية وإنسانية، وان على ( **المتوحد**) أن يجعل العناصر الإنسانية تتغلب على أعماله ، وان يجعل للتفكير والعقل التأثير الأول في حركاته ونواحي نشاطه، هذا إذا أراد ذلك ( **الإنسان المتوحد**) أن يسمو بفضائله ويتميز بها، أما الذي يحارب فكره وينقاد إلى شهواته، فهو ذلك الرجل بفضله الحيوان السائر في طريق الضلال والظلام.

و لابن باجة رسالة الوداع، وقد كتبها قبيل رحلة طويلة وبعث بها إلى أحد أصدقائه من تلاميذه ليكون على بينة من آرائه فيما يتعلق بمسائل هامة، وفي هذه الرسائل تتجلى رغبة ابن باجة في الإشارة بمقام العلم والفلسفة، ذلك لأنهما جديران بإرشاد الإنسان إلى الإحاطة الطبيعية وبمعرفة ذاته. وقد ضمن هذه الرسالة بعض آرائه الفلسفية، ومنها أن المحرك الأول في الإنسان هو أصل

الفكر، وان الغاية الحقيقية من وجود الإنسان ومـن العلـم هـي القـرب مـن اللـه بالعقـل الفعال الذي يفيض منه.

وابن باجة ينتقد الغزالي، ومن رأيه خدع نفسه وخدع الناس حين قال في كتاب ( **المنقذ** ) : انه ( **بالخلوة ينكشف للإنسان العالم العقلي، ويرى الأمور الإلهية فيلتذ لذة كبيرة** ) ، وكذلك نقد ابن سينا فيما ذهب أليه من أن انكشاف الأمـور الإلهيـة والاتصال بـالملأ الأعلـى يحدث التذاذاً عظيماً، ويقول: أن هذا الالتذاذ هو للقوة الخيالية لا غير، وعلى كل حال يمكن الخروج بالقول: أن **ابن باجة أعطى الفلسفة العربية في الأندلس حركة ضد الميول الصوفية.**

وقد تأثر ابن رشد بهذه الآراء، والآراء التي تتعلق باتحاد النفوس، وكذلك كان لهما اثر كبير عند الفرق المسيحية وفلاسفة الكنيسة مما جعل ( **القديس توماس** ) و ( **البرت الأكبر** ) ، يؤلفان رسائل خاصة لأبطالها.

وجاء في كتاب قلائد العقبان للفتح بن خاقان ما يلي: **وقد اشتهر ابن باجة بين أهل عصره بهوسه وجحوده واشتغاله بسفا سف الأمور .**

ولم يشتغل بغير الرياضيات وعلم النجوم، واحتقر كتاب اللـه الحكيم واعرض عنه، وكـان يقول بأن الدهر في تغير مستمر، وان لا شيء يـدوم علـى حـال، وان الإنسـان كبعض النبـات والحيوان ، وان الموت نهاية كل شيء..

هذه الأقوال التي نسبت إلى ابن باجة دفعت بعض منافسيه ممن أعماهم الحسد والجهل إلى أن يتهموه بالزندقة وان يقتلوه بالسم .

ولابن باجة اثر كبير في الغرب المسيحي، وفضل عظيم في ازدهار الفلسفة في الغرب، وقد تتلمذ عليه جماعات لمع إفرادها في ميادين البحث والإنتاج فتأثر به وبنتاجه علمـاء اشتغلوا في الفلك والرياضيات والطب.

فكان له ملاحظات قيمة على نظام بطليموس في الفلك، وقد انتقده و أبان مواضع الضعف فيه، وكان لهذه الملاحظات وذلك النقد اثر على جابر بن الأفلح ودراساته في الفلك مما دفعه إلى اصطلاح المجسطي في منتصف القرن الثاني عشر الميلاد.

ويؤيد سارطون هذا كله ويضيف إليه بأن البطروجي تأثر كذلك بآراء ابن باجة في الفلك حتى قاده ذلك إلى القول بالحركة اللولبية ( Spiral Motion ) وامتد اثر ابن باجة إلى الطب فاستشهد به ابن البيطار في كتاب ( **الأدوية المفردة** ) في مواضع كثيرة واعتمد على رسالة ابن باجة في الطب.

وفوق ذلك كان اثر ابن باجة واضحاً في الطريق التي سار عليه ابن طفيل في كتابه ( **حي بن يقظان** ) كما كان أثره بالغاً في ابن رشد واتجاهه العقلي (...**ويرى مونك أن نظرية ابن رشد في العقل والخلود التي أثار بها ابن رشد أوروبا النصرانية ، إنما هي نظرية ابن باجة ...**).

وعلى الرغم من قلة المصادر التي تتناول آثاره أو حياته فإن الغربيين عرفوا فضله وأدركوا ما تنطوي عليه فلسفته من الرسائل القليلة التي اطلعوا عليها.. قال رينان : ( **ولا ريب أن ابن باجة من أعاظم الذين عملوا على ازدهار عصرهم ومن الذين حرصوا أن تبلغ الفلسفة العقلية فيه المستوى الذي بلغته...**).

والعلامة دي بور يرى إن آراءه ابن باجة في الطبيعة وفيما بعدها متفقة في جملتها ما ذهب إليه المعلم الثاني وان الشيء الوحيد الذي له بعض الشأن هو طريقته في بيان تكامل العقل الإنساني ومبلغ الإنسان في العلم ومكانه بين الموجودات.

# البتانــي

## 240هـ

## 850- 929 م

**هو أبو عبد الله محمد بن جابر بن سنان البتاني**، ولد في نواحي حران عام 240 هـ وعاش في ازدهار العلوم في العصر الإسلامي، ويعتبر من أعظم فلكي الإسلام وهو من العلماء المبتكرين ، وهو باعتراف أكثر محدثي الفلكيين - أول من أوجد جداول فلكية لها مستوى كبير من الأهمية، ومن الإتقان والدقة، يستعمل فيها علم المثلثات الحديث حينذاك بشكل واضح، ويبدوا أن البتاني هو أول من وضع علم المثلثات لخدمة الفلك ، كما كان أول من أولى المثلثات الكروية العناية ، فكان العالم المؤمن الذي لم يغتر بعلمه ، بل استعمل علمه لمعرفة اللـه تبارك وتعالى.

لقد ابتكر البتاني الدوال المثلثية المعروفة، والكثير من المتطابقات المثلثية القائمة عليها، وله العديد من الكتب في الفلك بما فيه **الشرح المختصر لكتب بطليموس الأربعة الفلكيـة** ، وقد خالف فيه بطليموس في الكثير من آرائه، وانتقده بطريقة علمية بحتة، ومـن اجـل منجزاتـه رسالة في الفلك، أشار فيها إلى علم الحركة والنجوم وعددها، وظلت هـذه عـلى رأس الكتـب الفلكية حتى عصر النهضة الأوروبية، ولم يكتف البتاني بإنجازاته في الفلك النظرية، بـل قـام ببحوث تجريبية كانت في غاية من الدقة والارتقاء العلمي وعلى رأسها المشاهدات الفلكية.

وحوت جداوله معلومات مبوبة عن بعض النجوم وألفها فيما بين (880-881) ميلادية.

ودرس البتاني الأوج الطولي للشمس ( ابعد نقطة بين الشمس والأرض) فوجده يزيد بمقدار 16 درجة و47 دقيقة عن التقديرات المتعارف عليها آنذاك ، كما اهتم اهتماماً كبيراً بعلم حساب المثلثات، فهو الذي طور نظريات الجيب، وكلمة (Sinus) في اللغات الأوروبية ترجمة لاتينية حرفية للكلمة العربية المقابلة ( جيب) ،ويقابل الجيب نصف الوتر، في حين استخدمها بطليموس خطأ لتدل على الوتر كله وتصورها أطوالا عوضا عن إعداد، كما بين البتاني حركة نقطة الذنب للأرض، وصحح قيمة الاعتدالين الصيفي والشتوي، وقيمة ميل فلك البروج على ميل معدل النهار، وقد حسب هذه القيمة فوجدها 23 درجة و35 دقيقة، وتدل البحوث العلمية الحديثة على إن البتاني أصاب في حسابه إلى حد دقيقة واحدة ... كما تنبأ البتاني بحدوث الكسوف السنوي للشمس والخسوف للقمر لدرجة كبيرة من الدقة. وقد حسب طول السنة الشمسية فلم يخطئ بتقديرها حسب الدراسات الفلكية الحديثة إلا بمقدار دقيقتين و22 ثانية.

ركز البتاني في عمله على المثلث الكروي وخواصه، ولقد استخدم الجيب وابتكاره ابتداء من فكرة الأوتار التي كانت مستعملة عند اليونانيين ، كما ابتكر مفهومات جيب التمام، والظل، وظل التمام، وألف جداول دقيقة لظل التمام، كما استنتج البتاني العلاقة بين أضلاع المثلث الكروي وزواياه ، ولم يكتف البتاني في إيجاد الظل والجيب وجيب التمام للزوايا من الصفر إلى 90 درجة بدقة متناهية ، بل تعداها حيث طبق القوانين والعمليات الجبرية على المعادلات المثلثية. واكتشف الأوروبيون إنتاج البتاني الهائل، واعترفوا فوراً بأهميته الكبرى، فترجموا أعماله إلى اللاتينية في القرن الثالث عشر الميلادي ،

ونشر أحد الأوروبيين ( **روبرت شستر انجليزي الأصل عاش في القرن الثاني عشر الميلادي)** ما كتبه البتاني عن الظل وظل التمام ونقل التراث العلمي الثمين إلى أوروبا، ثم نـشر اليهودي **(ليفي بن كرشون، والذي عاش في القرن الثالث عشر)** باللغة اللاتينية كتاب البتاني في نظريات الظل والجيوب والأوتار والأقواس والآلات المستخدمة، فكان أول كتاب يعرفه الغرب في علم حساب المثلثات، وترجم عالم ألماني " رجيو مانتس " ولد عام 1436 ميلادية في كونجسبرخ أعمال البتاني في المثلثات الكروية والرياضيات، واعترف البرفسور فاورين كاجوري في كتابه تاريخ الرياضيات أن البتاني من اقدر علماء الرصد، وسماه بعض الباحثين بطليموس العرب، وأضاف عالم تاريخ العلم الأوروبي البر فسور جورج سارتون في كتابه المدخل إلى تاريخ العلوم أن البتاني أعظم علماء عصره، وانبغ علماء العرب في الفلك والرياضيات ، ولو أخـذت الظروف بعين الاعتبار لاعتبر البتاني أعظم عالم فلكي في العالم ، لما قدم مـن خدمـة للبـشرية .وقد خطأ البتاني بطليموس في اكتشاف الأوج الشمسي وحدده بـ 17 درجة واكتشف أخطاء أخرى كثيرة ارتكبها بطليموس في حساباته حـول الأجـرام الفلكيـة ، فوضع البتاني الجداول الصحيحة لحركة الشمس والقمر والكواكب الأخرى، كما بنى مرصداً عرف باسم مرصدالبتاني.

**مؤلفات البتاني:**

1- الزيج الصابي.

اشتهر البتاني بزيجة المعروف ( **الزيج الصابي)** وهـو بـشهادة العلمـاء أعظـم مـن ألف في الفلك ، وقد جمع فيه خبرات العلماء السابقين وخلاصة ما توصل

إليه، فأدرج فيه جداول تتعلق بحركات الأجرام السماوية ، وأوضح الكواكب الثابتة، ومواضع الكواكب في أفلاكها ومعرفة الميول والحركات واستخراجها، وقد عد العلماء هذا الزيج أول زيج يمكن الاطمئنان إليه، لما وسعه من معلومات دقيقة، ولما تميز به من جداول وقوانين وأرصاد كان لها ابعد الأثر في مجال الفلك وتطوره عند العرب، بل أن علماء أوروبا بنوا عليه أصول تفكيرهم العلمي وقواعد تأليفهم في مجال الرصد والتقاويم.

تُرجم ( الزيج الصابي) إلى اللاتينية في القرن الثاني عشر الميلادي، وترجم أيضاً إلى اللغة الإسبانية، بأمر من ملك قشتالة الفونسو العاشر.

2- مختصر لكتب بطليموس الفلكية.

3- شرح المقالات الأربع لبطليموس.

4- رسالة في مقدار الاتصالات الفلكية.

5- رسالة في تحقيق أقدار الاتصالات.

6- كتاب في معرفة مطالع البروج فيما بين أرباع الفلك.

7- كتاب تعديل الكواكب.

8- مؤلفة المشهور ( علم النجوم).

9- كتاب في علم الفلك .

10- مخطوطة عن علم الزودياك.

هذه الكتب وغيرها من مؤلفات البتاني استعملتها أوروبا في نهضتها ، وعلى أساسها كانت الطرق الحديثة التي توصي بفصل علم حساب المثلثات عن علم الفلك، ودرس الأوروبيون كتب البتاني في جامعاتهم حتى القرن الخامس عشر الميلادي، ويقول الأستاذان الأوروبيان (قب) و ( كريمر) في

كتابهما **دائرة المعارف في الإسلام**: إن البتاني عنده سرعة البديهة وباستطاعتنا أن نسميه ( **قاموس كليات المعارف عند المسلمين**).

ويحقق علم حساب المثلثات فائدتين عمليتين وهما الفلك ( **علم الأجرام السماوية**) والهندسة ( **علم قياس مسافات الأرض**) والغرض الأساسي من حساب المثلثات هو قياس المسافات التي يتعذر قياسها بالطرق الهندسية ، قال المؤلف الأوروبي إدوارد بيانج إن العرب ابتكروا الهندسة التحليلية والجبر، وطوروا حساب المثلثات وعلم الهندسة ، ولقد حل العرب المعادلات المكعبة بالأنظمة الهندسية، كما اخترعوا الملاحة السماوية، والمصطلحات الحديثة التي تستعمل في الملاحة اليوم مثل ازموت، زنيث، نادر، كلها عربية ( **السمت، الذروة، النظير**) ولقد اكتشف البتاني الإبرة المغناطيسية، والبوصلة المائية والإسطرلاب. كان البتاني صاحب عقلية قوية ، فكان يستخدم للقياس الأجهزة الميكانيكية لأنه لم يكن توجد في القرون الوسطى آلات التلسكوب والمنظار الكهربي والرادار، ومن اجل تقليل الخطأ المرتكب استخدم البتاني الآلات الكبيرة جداً التي لم تستخدم من قبل ذلك في مدينتي الرقة التي تقع على نهر الفرات وإنطاكية شمال الشام، حيث بنى هناك عدة محطات للأرصاد. ويقول ديفيديوجين سمث في كتابه **تاريخ الرياضيات**. ( **الجزء الأول**) : "ونال البتاني شهرته العظيمة في تطويره لعلم الفلك ، وترجمت مؤلفاته في هذا المجال من اللغة العربية إلى لغات أوروبية عديدة ". ولا يبالغ البروفيسور الأمريكي درك ستروك عندما يقول في كتابه ملخص تاريخ الرياضيات : "أن البتاني أعظم عالم عربي في علم الفلك عبر التاريخ" ، وكان الأجدر به أن يقول : أعظم عالم فلكي عرفه التاريخ.

# ابن بطوطة

هو أبو عبد الله محمد بن عبد الله بن محمد الطنجي ، والطنجي نسبة الى طنجة مكان ولاته ولد عام 703 هـ .

درس الفقه والأدب ، وعاش حياة رفاهية في ظل أسرة اشتغلت بالقضاء واحتلت مركز الوجاهة في مدينة طنجة .

أشهر الرحالة العرب ، بدأت رحلته مع الأسفار وهو في الثانية والعشرين من العمر عندما قصد الحجاز ، فشق طريقه من المغرب الأقصى الى الجزائر ثم تونس وطرابلس فمصر والى فلسطين وسورية فالحجاز وتمكن من الحج ، ثم قصد العراق وإيران وتركيا ثم عاد مرة أخرى الى الحجاز ، وزار أيضا الخليج العربي كله وذهب أيضا الى أوروبا والصين وغيرها الكثير من بلدان العالم .

ألف ابن بطوطة كتاب (( تحفه النظار في غرائب الأمصار وعجائب الأسفار )) , تحدث عن كل بلد نزل فيه وتحدث عن أهله , فهذا الكتاب أحد المصادر الهامة لدراسة العادات والتقاليد لتلك الأمم ، وابن بطوطة يعتبر من أوائل الرحالة الذين دخلوا بعض البلدان وكتبوا عنها من مختلف النواحي ، فهو يصف البحار واليابسة وما احتوت عليها من المعادن ، ويصف النباتات والفواكه وصناعات تلك الأمم .

يعتبر ابن بطوطة أرفع الجغرافيين المسلمين مكانة وأكثرهم طوافا وأشدهم عناية بالتحدث عن الحالة الاجتماعية ، وقد أطلقت عليه جامعة كامبرج لقب ((أمير الرحالة المسلمين )) . اهتم الغرب بشكل خاص برحلته إلى بلاد الهند والسند والصين ، وبحثوا عن مخطوط هذه الرحلة الأصلي ، فلم

يجدوا سوى مختصر اكتشفه السائح الإنجليزي (( **بوركارث** )) ثم اكتشف المستشرق الألماني (( **ليسجارتن** )) نسخة خطية أخرى ، فدرسها وترجم عنها الى اللغة اللاتينية ، وترجمت تلك الرحلات الى الفرنسية ، والى الإنجليزية والتركية والبرتغالية والإيطالية والإسبانية.

# البلخــــي
## 787 - 886 هـ

هو العالم المسلم أبو معشر بن محمد بن عمر البلخي ، ولد في بلخ والتي تقع حاليا في أفغانستان عام 787 هـ وتوفي في واسط في العراق .

فلكي ورياضي فارسي، كان من اشهر علماء الفلك المسلمين.

### اشهر مؤلفات البلخي :

- كتاب المدخل الكبير إلى علم أحكام النجوم ، وكتبه في مدينة بغداد عام 848 ، وترجم مرات عديدة.
- كتاب أحكام تحاويل سني المواليد ، وهذا الكتاب تم ترجمته وطباعته عدة مرات أيضا.
- كتاب الأنوار.
- كتاب الأمطار والرياح وتغير الأهوية .
- كتاب السهمين و أعمار الملوك والدول.
- كتاب اقتران النحسين في برج السرطان.
- كتاب المزاجات .
- كتاب تفسير المنامات من النجوم.
- كتاب الأقاليم.
- كتاب مواليد الرجال والنساء.
- كتاب الألوف في بيوت العبادات.
- كتاب الزيج الكبير .
- كتاب الزيج الصغير .

- كتاب المواليد الكبير.
- كتاب المواليد الصغير.
- كتاب الجمهرة .
- كتاب الاختيارات.

ترجم الكثير من أعماله اللغة اللاتينية ، وكان هذا العالم معروفا ومشهورا في أوروبا .

# ابن البناء

## 654 - 721 هـ

## 1256 - 1321 م

**هو أبو العباس** ، احمد بن محمد بن عثمان الأزدي ، المعروف بـابن البناء المراكشي ، تخصص في علوم جمة ، برز بصفة خاصة في الرياضيات ، التنجيم ، الفلك والطب .

قضى أغلب فترات حياته في مسقط رأسه في مراكش ، ولـذا نـسب إليها ، وبهـا درس النحـو والحديث والفقه ، ثم ذهب إلى فاس ودرس الطب والفلك والرياضيات . وكان مـن أسـاتذته ابن مخلوف السجلماني الفلكي ، وابن حجلة الرياضي . وقد حظي ابن البناء بتقدير ملوك الدولة المرينية في المغرب الذين استقدموه الى فاس مرارا . وتوفي في مدينة مراكش .

من إسهامات ابن البناء في الحساب انه أوضح النظريات الصعبة والقواعد المستعصية، وقـام ببحوث مستفيضة عن الكسور، ووضع قواعد لجمـع مربعات الأعـداد ومكعباتهـا ، وقـاعـدة الخطـأين لحـل معادلات الدرجـة الأولى، والأعمـال الحـسابية، وادخـل بعـض التعديل عـلى الطريقة المعروفة" **بطريقة الخطأ الواحد"** ووضع ذلك على شكل قانون.

وجاء في دائرة المعارف الإسلامية أن ابن البناء قد تفوق على من سبقه من علماء الرياضة من العرب في الشرق وخاصة في حساب الكسور، كما عُدّ من أهم الذين استعملوا الأرقام الهندية في صورتها المستعملة عند المغاربة.

## أشهر مؤلفاته:

ألف ابن البناء أكثر من سبعين كتاباً في الحساب والهندسة والجبر والفلك والتنجيم، ضاع اغلبها ولم يبق إلا القليل منها وأشهرها:

- " **كتاب تلخيص أعمال الحساب**" : يعترف " **سمث**" و " **سارتون**" بأنه من أحسن الكتب التي ظهرت في الحساب، وقد ظل الغربيون يعملون به إلى نهاية القرن السادس عشر للميلاد، وكتب كثير من علماء العرب شروحاً له ، واقتبس منه علماء الغرب، كما اهتم به علماء القرنين التاسع عشر والعشرين، وقد ترجم إلى الفرنسية عام 1864 م على يد مار Marre، ونشرت ترجمته في روما، وقد أعاد ترجمته إلى لفرنسية الدكتور محمد سويس، ثم نشر النص والترجمة مع تقديم وتحقيق سنة 1969.
- " **كتاب اليسارة في تقويم الكواكب السيارة**".
- " **منهاج الطالب في تعديل الكواكب**"، وقد حقق المستشرق الأسباني فيرنه خنيس مقدمة الكتاب وبعض فصوله وترجمها إلى الإسبانية سنة 1952.
- " **كتاب أحكام النجوم**".
- " **مقالات في الحساب**"، وهو بحث في الأعداد الصحيحة والكسور والجذور والتناسب.
- " **كتاب الفصول في الفرائض**".
- " **رسالة في المساحات** ".
- " **كتاب الإسطرلاب واستعماله** ".

# البوزجاني

**328-388 هـ**

**940- 988 م**

**هو أبو الوفاء محمد بن يحيى بن اسماعيل بن العباس البوزجاني**، من اعظم رياضي العرب، ومن الذين لهم فضل كبير في تقدم العلوم الرياضية، ولد في بلدة صغيرة بين هراة ونيسابور، قرأ على عمه المعروف بأبي عمرو المغازلي، وعلى خاله المعروف بأبي عبد الله محمد بن عنبسة، ما كان من العدديات والحسابيات، ولما بلغ العشرين من العمر انتقل الى بغداد حيث جادت قريحته ولمع اسمه وظهر للناس إنتاجه في كتبه ورسائله وشروحه لمؤلفات اقليدس وديوفنطس والخوارزمي.

وفي بغداد قدم أبو الوفاء سنة 370 هـ أبا حيان التوحيدي إلى الوزير ابن سعدان، فباشر في داره مجالسه الشهيرة التي دون أحداثها في كتاب ( **الإمتاع والمؤانسة**) وقدمه إلى أبي الوفاء.

يعتبر أبو الوفاء أحد الأئمة المعدودين في الفلك والرياضيات، وله فيها مؤلفات قيمة، وكان من اشهر الذين برعوا في الهندسة، أما في الجبر فقد زاد على بحوث الخوارزمي زيادات تعتبر أساساً لعلاقة الجبر بالهندسة، وهو أول من وضع النسبة المثلثية( **ظل**) وهو أول من استعملها في حلول المسائل الرياضية، وادخل البوزجاني القاطع والقاطع تمام، ووضع الجداول الرياضية للماس، و أوجد طرقة جديدة لحساب جدول الجيب، وكانت جداوله دقيقة، حتى أن جيب زاوية 30 درجة كان صحيحاً الى ثمانية أرقام عشرية، ووضع

البوزجاني بعض المعادلات التي تتعلق بجيب زاويتين، وكشف بعض العلاقات بين الجيب والمماس والقاطع ونظائرها.

وظهرت عبقرية البوزجاني في نواح أخرى كان لها الأثر الكبير في فن الرسم فوضع كتابا عنوانه ( **كتاب في عمل المسطرة والبركار والكونيا** ) ويقصد بالكونيا المثلث القائم الزاوية، وفي هذا الكتاب طرق خاصة مبتكرة لكيفية الرسم واستعمال الآلات .

زاد البوزجاني على بحوث الخوارزمي إضافة مهمة جداً، ولا سيما ما يخص علاقة الهندسة بالجبر، وذلك يحل بعض المعادلات الجبرية المهمة هندسيا، وكما استطاع أن يجد حلولا جديدة للقطع المكافئ ، فمهد بذلك الى ظهور الهندسة التحليلية وحساب التفاضل والتكامل ،وحساب التفاضل والتكامل يعتبر أرقى و أروع الاكتشافات التي وصل إليها العقل البشري، حيث انه المصدر الأول للمخترعات والمكتشفات الحديثة .

يقول الدكتور موريس كلاين عن أبي الوفاء في كتابه تاريخ الرياضيات  " **إن أبا الوفاء عرف وبسط بعض النقط التي كانت غامضة في مؤلفات العالم المسلم المشهور البتاني**".

وكتب أبو الوفاء حوالي عام 388 هجرية ( الموافق 998 ميلادية) تفاسير كثيرة لكتاب ديوفانتوس، والمجسطي في علم الفلك لبطليموس، وهندسة اقليدس، حتى جمع بين المنهجين اليوناني والهندي، ويقول البرفسور " **هورد ايفز**" في كتابه مبادئ تاريخ الرياضيات :

**" أن أبا الوفاء قد ذاع صيته في التأليف في معظم فروع الرياضيات وشرح كتاب ديوفانتوس اليوناني في علم الحساب: كما فسر المجسطي في علم الفلك لبطليموس" .**

أما جورج سارتون فقد وضح في كتابه تاريخ العلوم ( **المجلد الثاني)** : وان أبا الوفاء قد علق على جميع مؤلفات اقليدس في علم الهندسة، ومما لفت أنظار علماء الرياضيات في الغرب والشرق على السواء برهان أبي الوفاء بطرقة علمية بحية كيفية تحديد رؤوس شكل كثير السطوح المنتظمة داخل كرة، مستعملا فرجارا ثابت الفتحة، وقد اهتم أبو الوفاء بالكسور الاعتيادية.

ابتكر أبو الوفاء طريقة جديدة لحساب جداول الجيب، وفي تلك الجداول حسب زاوية 30° وكذلك جيب زاوية 15° بطرقة فائقة الدقة وصحيحة الى ثمانية منازل عشرية، كما عرف و لأول مرة الصلات في علم حساب المثلثات الذي يعرف اليوم بالعلاقة حا ( أ + ب) وغيرها من الصلات بين الجيب والظل القاطع، ويقول البروفيسور جورج سارتون في كتابه المدخل الى تاريخ العلم ( **المجلد الأول)** : **" أن أبا الوفاء أول من وضع النسبة المثلثية ( ظا ) و أول من استعملها في حلول المسائل المثلثية. كما أوجد طريقة لحساب جداول الجيب، وكانت جداوله رائعة بدقتها فحسب زاوية 30° وكذلك 15° وكانت مقاديره صحيحة الى ثمانية أرقام عشرية ".**

وكان علم الفلك مسيطرا على علم حساب المثلثات، إلا أن أبا الوفاء قد حذا حذو أستاذه البتاني في العمل الجاد على فصل علم حساب المثلثات عن علم الفلك، وقام بإنجازات عظيمة في هذا المجال، وقد وصفه الدكتور كارل بوير في كتابه تاريخ الرياضيات بأنه: **" من المسئولين الأوائل في فصل**

**علم حساب المثلثات عن علم الفلك حتى تمكن من إدخال علم الجبر عليه بالطريقة النظرية وهذا يظهر من متطابقاته المثلثية** "، و أضاف بوير في كتابه المختصر في تاريخ الرياضيات: " **إن أبا الوفاء استمر بجد و إخلاص في فصل علم حساب المثلثات عن علم الفلك بطريقة منتظمة، حيث لم تؤثر أبداً في علم الفلك وتقدمه، بل شجعت على استخدام الطريقة الإستنتاجية في حل المسائل الفلكية**" ، أما موريس كلاين فقد نعت أبا الوفاء في كتابه

الأفكار الرياضية " بأنه مبتكر الدائرة ( **معكوس جيب التمام** ) قا ، وقطاع التمام ( **معكوس جيب الزاوية**) قتا ، كما اوجد جداول لجيب الزاوية ( جا) ، وظل الزاوية ( ظا) لكل عشر دقائق" ، وقد قال جوزيف هافمن في كتابه تاريخ الرياضيات حتى 1800 ميلادية : " إن أبا الوفاء قد نجح في حساب جداول علم حساب المثلثات الى ثمانية أرقام عشرية، وكتب في علم النجوم، واستمر في تطوير علم حساب الملثلات كعلم مستقل بذاته عن علم الفلك".

أولى أبو الوفا عناية كبيرة بالمتطابقات المثلثية، التي لعبت وما تزال تلعب دورا هاما في علم حساب المثلثات .

**مؤلفات البوزجاني:**

1. **كتاب في عمل المسطرة والبركار والكونيا**، ولقد ترجم الأوروبيون هذا الكتاب وسموه باللغة الإنجليزية" **Geometrical Construction** " وكان يحتوي على بعض الأشكال الهندسية مثل الدائرة والمثلث والمربع، والأشكال المختلفة الأضلاع، والدوائر الممتسة ، وقسمة الأشكال على الكرة، والمقصود بالكونيا هما المثلث القائم الزاوية، وقد دفع هذا الكتاب عجلة أصول الرسم خطوات متقدمة جداً.

2. كتاب ما يحتاج إليه الكتاب والعمال من علم الحساب، هذا الكتاب مؤلف من سبعة فصول، الثلاثة الأولى في الرياضيات البحتة والأربعة الفصول الباقية في المعاملات الحياتية بين الناس في : المكاييل ، والمقاييس، والبيع والشراء، ودفع الأجور، وما أشبه ذلك.

3. كتاب ما يحتاج إليه الصانع من عمال الهندسة، بهذا الكتاب استفاد من مؤلفات اقليدس، و أرخميدس، وهيرون(إسكندري) وفيه ركز على حل المسائل المستعصية عند الإغريق، مثل : تضعيف المكعب، ومحاولة تثليث الزاوية، وتربيع الدائرة. كما قسم المستقيم الى أجزاء معينة ، ورسم أشكال هندسية منتظمة داخل الدائرة بوساطة الفرجار.

4. كتاب فاخر بالحساب استعمل فيه الحروف الأبجدية بدلا من الأرقام العربية، وكان استعمال الحروف الأبجدية سائداً عند العرب قبل بعثة الرسول صلى الله عليه وسلم.

5. كتاب حساب اليد.

6. كتاب الكامل الذي يشبه الى حد ما كتاب المجسطي لبطليموس.

7. كتاب يحتوي على زيج الوادي، وهو زيج فريد من نوعه، ويحتوي على كثير مما رصد أبو الوفاء في مرصده المشهورة في بغداد.

8. كتاب تطرق فيه الى علم حساب المثلثات الكروية.

9. رسالة في الرسم الهندسي واستعمالات آلات الرسم.

10. كتاب في الأشكال الهندسية عموماً.

11. كتاب فسر فيه نظريات ديوفانتوس في علم الأعداد.

12. كتاب فسر فيه كتاب ابرخس المعروف باسم كتاب التعريفات.

13. كتاب فسر فيه حساب الجبر والمقابلة لمحمد بن موسى الخوارزمي.
14. كتاب المدخل الى الارثماطيقي.
15. كتاب في الفلك.
16. رسالة في الأمور التي ينبغي أن يعرفها الدارس من قبل التعرف على حركات الكواكب.
17. رسالة في حركة الكواكب.
18. رسالة في الأمور التي تعرض حركات الكواكب.
19. كتاب العمل بالجدول الستيني.
20. كتاب استخراج الأوتار.
21. كتاب الزيج الشامل.
22. كتاب عن المجسطي.
23. رسالة في استخراج ضلع المربع.
24. كتاب في الهندسة .

ومما تقدم نرى أن مكانة الرجل في علم الحساب واضحة وجلية لمعظم المتخصصين، فقد أوجد طريقة سهلة وعصرية لحساب جداول الظل وجيب الزاوية ، وابتكر متطابقات مثلثية لا تزال تدرس في المدارس والجامعات في جميع أنحاء العالم، أما بالنسبة لعلم الجبر فإن العالم المسلم المشهور محمد بن موسى الخوارزمي واضع علم الجبر في كتابه حساب الجبر والمقابلة، كرس جل جهوده في المعادلة ذات الدرجة الثانية، وتبعه علماء مسلمون آخرون، فطوروا علم الجبر حتى حصلوا على نتائج مرضية للغاية للمعادلة ذات الدرجة الثالثة، أما أبو الوفاء فإنه كان طموحاً، ولم يقف عند

هذا الحد، بل استمر على العمل الجاد وابتكر حلا للمعادلة ذات الدرجة الرابعة.

وفي عام 380 هجرية ( الموافق 990 ميلادية ) حضر عدد كثير من علماء الفلك الى بغداد ليراقبوا أعمال أبي الوفاء في مرصده، فسيطر أبو الوفاء على الموقف حتى ذاع صيته بين العلماء آنذاك، وسمي بعدها موسوعة المعرفة، ويعتبر الكثير من العلماء في السابق وفي الحاضر – أبا الوفاء من اعظم عباقرة علماء المسلمين، وشهدوا له في براعته غير العادية في جميع العلوم، وبخاصة في علم الهندسة التي كانت معيار للذكاء في ذلك الوقت، ومما لا شك فيه أن مؤلفات أبي الوفاء وبحوثه كان لها تأثير في تقدم العلوم ، ولا سيما الفلك والمثلثات و أصول الرسم، وبهذه المناسبة يمكن القول إن أبا الوفاء أول من حل المسائل المستعصية عند الإغريق والهنود باستخدام المسطرة والفرجار.

ومن المؤسف حقا إن علماء الرياضيات في بلاد العرب يحاولون جادين تجاهل مساهمة عالمنا المسلم المشهور آبي الوفاء في حقل علم حساب المثلثات وغيره من فروع الرياضيات، ولقد نسب عدد من علماء الغرب بعض اكتشافات أبي الوفاء لأنفسهم، مثل: ريجيومونتانوس، فقد نسب الى نفسه معظم نظريات أبي الوفاء في علم حساب المثلثات ، وكتبها في كتابه.

# البيروني

**362- 440 هـ**

**973- 1048 م**

**هو أبو الريحان محمد بن احمد البيروني** ، ولد في خوار زم عام 362 هجري، تتلمذ على أبي نصر منصور بن علي بن عراق أحد علماء الرياضيات المشهورين في القرن الرابع الهجري.

كان البيروني مقرباً من السلطان محمود الغزنوي الذي كان يتولى رعاية العلماء وإكرامهم، وقام البيروني بمرافقة السلطان محمود في غزواته في الهند ومكث في الهند أربعين عاماً، تعلم خلالها عدداً من اللغات الهندية ودرس بها الديانات والفلسفات الهندية، قضى هذه المدة في البحث والاستقصاء عن تاريخ الهند وجغرافيتها وعبادتها وفلسفتها وتقاليدها وأساطيرها و أخلاقها وأزيائها.

يعتبر البيروني عالماً موسوعياً ، فقد برع في الرياضيات ، الفلك، الصيدلة، الجغرافيا والتاريخ.وقد شهد له علماء الغرب بألمعيته في الرياضيات، كما وان الغربيين مدينون له بمعلوماتهم عن الهند ومآثر الهند في ميادان العلوم. كان البيروني يتبع منهجياً علمياً يركز فيه على الملاحظة الحسية والاستقراء، وكان يقوم بإجراء التجارب العلمية، ومن ذلك تجربته المشهورة لقياس الثقل النوعي للأجسام الصلبة، وابتكاره جهازاً خاصاً لذلك، وعن طريق الاستقراء توصل الى أن هناك أزهاراً بعضها ذو ثلاث بتلات أو أربع أو خمسة أو ستة أو ثمانية عشرة، غير انه لا توجد أزهار لها سبع أو تسع بتلات.

وفي ميدان الفلك وعلوم الأرض ألف كتاب ( **القانون المسعودي** ) الـذي يعتـبر اعظم موسوعة في علم الفلك وحسـاب المثلثات وتـواريخ الأمـم وصـور الأرض وابعادهـا وحركـات الشمس والقمر.

أما في كتابه " **الآثار الباقية عن القرون الخالية** " فقد تطرق الى التقاويم عند الـشعوب القديمة وتواريخهم وكيفية تحويل بعضها الى البعض الآخر.

ومن كتب البيروني الهامة التي لقيت اهتمامـاً عند علماء الغرب كتاب ( **تـاريخ الهنـد** ) الذي قام المستشرق سخاو بترجمته الى الإنجليزية عام 1888 م ، والذي بحث فيـه البيروني في لغات أهل الهند وعاداتهم وتقاليدهم.

وللبيروني دراسة هامة في ميدان المناخ حيث قسم الأماكن في العالم الى مناطق حرارية، وله دراسة أخرى عن حركة الأجرام السماوية ، واثبت من خلال أبحاثه أن سرعة الضوء تفوق سرعة الصوت، ورغم أن البيروني كان يتقن عدة لغات هندية وكانت لغته الأصلية الخوارزمية فقد ألف جميع كتبه باللغة العربية التي كان يفخر بها ويعتز لأنها لغـة القـران الكـريم، وفي ذلك يقول: " **والى لسان العرب نقلت العلوم من أقطار العالم وسرت محاسـن اللغـة منهـا في الشرايين والأوردة، وان كانت كل أمة تستحلي لغتها التي الفتها واعتادتها... والهجو بالعربية احب إلى من المدح بالفارسية** ".

**ومن كتبه الأخرى:**

- **تحقيق ما للهند من مقولة مقبولة في العقل أو مرذولة ، تحقيق دكتور إدوارد سخاو من جامعة برلين.**

- **الاستيعاب في تسطح الكرة.**

- **التعليل بأجالة الوهم في معاني النظم.**

- **التفهيم لأوائل صناعة التنجيم:** وهو علم يبحث عن التدرج من اعم الموضوعات الى أخصها ليحصل بذلك موضوع العلوم المندرجة تحت ذلك الأعم ، ولما كان أعم موضوع العلم الإلهي جعل تقسيم العلوم من فروعه ويمكن التدرج فيه من الأخص الى الأعم على عكس ما ذكر ، لكن الأول اسهل وايسر وموضوع هذا العلم وغايته ظهار.

- **تجديد الشعاعات والأنوار.**

- **الجماهير في معرفة الجواهر.**

- **التنمية في صناعة التمويه.**

- **الإرشاد في أحكام النجوم.**

- **الاستشهاد باختلاف الأرصاد** وقال أن أهل الرصد عجزوا عـن ضبط أجـزاء الـدائرة العظمى بأجزاء الدائرة الصغرة فوضع هذا التأليف لإثبات ذلك .

- **الشموس الشافية.**

- **العجائب الطبيعية والغرائب الصناعية ،** تكلم فيه على العـزائم والنيرنجيات والمطلـسمات ، بما يغرس به اليقين في قلوب العارفين ويزيل عن المرتابين.

- **القانون المسعودي في الهيئة والنجوم** ألفه لمسعود بـن محمـود بـن سـبكتكين ( محمـود الغزنوي) في سنة إحدى وعشرين وأربعمائة ، حذا فيه بطليمـوس في المجـسطي وهـو مـن الكتب المبسوطة في هذا الفن.

- **كتاب الأحجار لأرسطو** صنفه واستخرج صفات الأحجار الكريمة ، خوصها ومنافعها وذكر فيه خاصية ستمائة حجر .

- **مختار الأشعار والآثار.**

- **كتاب استخراج الأوتار في الدائرة ،** بخواص الخط المنحني فيها ، تحقيق دكتور احمد سـعيد الدمرداش.

# ابن البيطار

## 1197- 1248 م

**هو أبو محمد عبد الله بن احمد بن البيطار**، أحـد علماء الأنـدلس الـذين تجولـوا في المشرق الإسلامي، ولد في مالقه في العقد الأخير من القرن الثاني عشر الميلادي حوالي عام 1197 ميلادي، زار معظم البلدان المتقدمة آنذاك واستقر به المقام في دمشق وتوفي بها عام 1248 م.

اشتهر بابن البيطار نسبة الى مهنة والده الـذي كـان يعمـل " بيطريـا" فقـد كـان والـده طبيباً بيطرياً ماهراً.

يعتبر ابن البيطار خبيرا في علم النباتات والصيدلة، واعظم عـالم نبـاتي ظهـر في القـرون الوسطى، وساهم إسهامات عظيمة في مجالات الصيدلة والطب.

تتلمذ على يد شيخ أندلسي يدعى أبو العباس النباتي ، كان يجمع النباتات والأعشاب في منطقة إشبيلية ، ولما بلغ ابن البيطار العشرين من عمره سافر الى مراكش والجزائـر وتـونس لدراسة النباتات ، ووصل مصر في عهد السلطان الأيـوبي الملـك الكامـل واصبح هنـاك رئـيس العشابين ( والعشاب هو العالم بالنباتات وتحضير الأدويـة منهـا )، ثم سـافر بعـد ذلـك الى دمشق في عهد الملك الصالح ( ابن الكامل) الأيـوبي ، ودرس نباتات سورية ومنهـا انتقـل الى آسيا الصغرى واليونان مواصلا بحوثه فيها وهـو بأسـفاره هـذه عـالم طبيعـي ميـداني يـدرس الأشياء في مواضعها ويتحقق منها بنفسه والى جانـب ذلـك كـان لابن البيطار اطـلاع واسـع مفصل على مؤلفات من سبقوه في هذا الموضوع،

ألف ابن البيطار في النبات فزاد في الثروة العلمية ، ويعد كتابه ( **الجامع لمفردات الأدوية والأغذية**) من انفس الكتب النباتية فقد وصف فيه اكثر من 1400 عقار نباتي وحيواني ومعدني منها 300 من صنعه ، مبينا الفوائد الطبية لكل واحد منها وقد وضع في مقدمة كتابه الأهداف التي توخاها منه ، وهنا يتجلى أسلوبه في البحث وأمانته العلمية في النقل واعتماده على التجربة كمعيار لصحة الأحكام إذ يقول انه عني في كتابه ( **بذكر ماهيات هذه الأدوية وقوامها ومنافعها ومضارها و إصلاح ضررها والمقدار المستعلم في جرمها أو عصارتها أو طبيخها والبدل منها عند عدمها**) .

ويقول عن محتويات كتابه " استوعبت فيه أيضا بجمع ما في الخمس المقالات من كتاب الأفضل ديسفوريدس بنصه وكذا فعلت أيضا بجمع ما اروده جالينوس في الست مقالات من مفرداته بنصه ، ثم ألحقت بقولهما من أقوال المحدثين وفي الأدوية النباتية والمعدنية والحيوانية ما لم يذكراه ووضعت فيه عن ثقات المحدثين وعلماء النباتين ما لم يصفه و أسندت في جميع ذلك الأقوال الى قائلها ، وعرفت طريق النقل فيها بذكر ناقلها فما صح عندي بالمشاهدة والنظر وثبت لدي أن ما ادخرته كنزا سريا ، واما ما كان مخالفا في القوى والكيفية والمشاهدة الحسية في المنفعة والماهية نبذته ظهريا ولم أحاب في ذلك قديما لسبقه ولا محدثا اعتمد على صدقه " وقد رتب ابن البيطار مفردات كتابه ترتيبا أبجديا على طريقتهم المتبعة وقتذاك ، مع ذكر أسمائها باللغات المتداولة في مواطنه، ولابن البيطار كتاب شهير آخر هو( **المغني في الأدوية المفردة**) بحث فيه اثر الدواء في كل عضو من الجسم كالأذن والعين والمعدة والأدوية المجملة كالأدوية ضد الحمى وضد السم.

وقد استطاع أن يخرج من دراسته للنبات والأعشاب بمستحضرات ومركبات وعقاقير طبية تعد ذخيرة للصيدلة العالمية .

وقد شهد له تلميذه النجيب ابن أبي أصبية وحكى في مؤلفه عن رحلاته العلمية ، حيث يخبرنا أنه كان كثير الترحال ، فرحل الى شمال أفريقيا ومراكش والجزائر وتونس ومصر لدراسة النبات , وعندما وصل الى مصر كان على عرشها الملك الكامل الأيوبي الذي التحق بخدمته معينا إياه رئيسا على سائر العشابين ، ولما توفي الملك الكامل ، استبقاه في خدمته ابنه الملك الصالح نجم الدين الذي كان يقيم في دمشق ، وبدا ابن البيطار في دمشق يدرس النبات في الشام واسيا الصغرى بصفته طبيبا عشابا .

وقد امتدح ابن أبي أصيبعة أستاذه ابن البيطار وقال عنه : ( قرأت عليه تفسيره لأسماء أدوية كتاب ديسقوريدس ،فكنت أجد من غزارة علمه ودرايته ، وفهمه شيئا كثيرا جدا ، وكنت احضر عددا من الكتب المؤلفة في الأدوية المفردة مثل كتاب ديسقوريدس وجالينيوس والغافقي و أمثالها من الكتب الجليلة في هذا الفن ، ويذكر أولا ما قاله ديسقوريدس في كتابه باللفظ اليوناني على ما قد صححه في بلاد الروم ، ثم يذكر جمل من أقوال المتأخرين وما اختلفوا فيه ونقاط الغلط والاشتباه الذي وقع لبعضهم في نعته . فكنت أراجع تلك الكتب معه ، ولا أجده يقلد شيئا مما فيها ، واعجب من ذلك أيضا انه كان ما يذكر دواء إلا وعين في أي مقالة هو من كتاب ديسقوريدس جالينوس ، وفي أي عدد هو من جملة الأودية المذكورة في تلك المقالة ) .

ومن مقالة ابن أبي أصيبعة ، نجد أن مصادر ابن البيطار قد تنوعت ما بين مصادر داخلية تتمثل في المناخ العلمي الذي عاش فيه ورحلاته الخاصة

التي قام بها في العالم العربي الإسلامي ، وبالإضافة الى مصادر خارجية تتمثل في الترجمة والاطلاع على كتب اليونانيين وعلوم الأوائل من غير العرب ، والأمر الذي ساعد عليه ـ معرفته بعدد من اللغات كالفارسية واليونانية .

وقد درس ابن البيطار كتب ديسقوريدس ، وجالينوس ، و أبقراط واوريبازيوس وابن سينا و الادريسي وابن العباس النباتي دراسة مستفيضة حتى أتقنها تماما ، وشرح النقاط الغامضة فيها ، وهو قد استفاد الى حد كبير من مؤلفات السابقين ، ورغم ذلك كانت مؤلفاتهم موضع تصحيحاته ، ونقده في كثير من الاحيان .

وهذا ما دعا ( راملاندو ) في كتابه ( **إسهام علماء العرب في الحضارة الأوروبية** ) الى القول بان ( **إسهام ابن البيطار في مجال علم النبات يفوق إنتاج السابقين من ديسقوريدس الى القرن العاشر الهجري**).

كما يذكر ( **الدوميلي** ) في كتابه ( **العلم عند العرب في تطور العلم العالمي** ) إن ابن البيطار كان مشهورا بأنه اعظم النباتيين والصيدليين في الإسلام ، مع العلم إن مؤلفاته تعتمد على كتب السابقين له ، فقد سجلت في جملتها تقدما بعيد المدى ) .

ولم تقتصر جهود ابن البيطار على ذكر مئات الأدوية والعقاقير ، وإضافة عشرات من الأصناف ذات الأصول النباتية والحيوانية والمعدنية التي لم تكن معروفة من قبل ، ويساهم في تأسيس الصيدلة العربية على أسس علمية وتجريبية ، بل هو قد ساهم في استقرار المصطلح الطبي العربي و أثرى معجمه الذي أصبح من بعده مصدرا ثريا لكل أطباء أوروبا والغرب . هكذا كانت لبحوث ابن البيطار في عالم الأعشاب والنباتات الطبية ، وكذلك تجاربه

الدوائية ، واعتماده على الملاحظات الدقيقة والتجارب العميقة في هذا العلم التجريبي أثره الذي لا ينكر في تقدم هذا العلم وتطوره على يد العرب والمسلمين الذين تمكنوا من صياغة المصطلحات الطبية المناسبة وقاموا بتعريب كثير منها وتطوير مشتقاته اللغوية ، مما ساعد على تكوين المعجم الطبي العربي الذي اصبح مصدرا علميا دقيقا لأطباء العالم ، ساعدهم على تطوير علم الصيدلة فيما بعد . ومن المؤكد أن تأثير ابن البيطار و أمثاله من التجريبيين المسلمين المشتغلين بالنباتات والأعشاب والكيمياء الدوائية ، والمؤلفين لكتب في علم الصيدلة والعقاقير الطبية- قد وصل أثره العميق الى أوروبا في عصر النهضة، مما دعا المستشرقة ( **زيغريد هونكه**) الى القول بأن ( اثنان أخذا علمي الأدوية والكيمياء العربية كعوم منبثقة عن التجربة والمراقبة وفي خدمة الحياة المتطورة وحاولا إنقاذ ميزاتها التجريبية، وهما روجر بيكون وارنود الفيللاوفي، فقد رأيا في التجربة التي أخذاها عن العرب السبيل الحقيقي للوصول الى نتائج حاسمة في العلوم الطبية، وخاصة في الكيمياء ، وعاصرا التأثير العربي في ميدان علم العقاقير في أوروبا فترة النهضة وتعداها حتى وصل الى القرن التاسع عشر، حيث ترجمت أجزاء من كتاب ( **الجامع**) لابن البيطار ، واستعملت مصادر عربية في تصنيف الاقراباذين الأوروبي) حتى تقول المستشرقة ( **هونكه**) : كل صيدلية ومستودع أدوية في أيامنا هذه، إنما هي في حقيقة الأمر تذكاري للعبقرية العربية.

**<u>أهم مصنفاته وكتبه</u>**

- **الجامع لمفردات الأدوية والأغذية** والمعروف بمفردات ابن البيطار ، من أعظم كتبه وأشهرها، قام بكتابته بعد العديد من البحث والتدقيق والدراسة وبعد أن

تنقل في العديد من بلاد العالم، اعتمد ابن البيطار المنهج العلمي والتجربة والمشاهدة كأساس لدراسة الأدوية والعقاقير والأعشاب وهو القائل في مقدمة كتابه عن المنهج الذي اتبعه في أبحاثه: ( ما صح عندي بالمشاهدة والنظر، وثبت لدي بالمخبر لا بالخبر أخذت به، وما كان مخالفاً في القوى والكيفية والمشاهدة الحسية والماهية للصواب نبذته ولم اعمل به).

- **كتاب المغني في الأدوية المفردة.**
- **كتاب الإبانة والأعلام بما في المنهاج من الخلل والأوهام.**
- **كتاب الجامع في الأدوية المفردة.**
- **شرح أدوية كتاب ديسقوريدس وهو عبارة عن قاموس بالعربية والسريانية واليونانية والبربرية وشرح للأدوية النباتية والحيوانية.**
- **مقالة في الليمون.**
- **كتاب في الطب.**
- **الأفعال الغربية والخواص العجيبة .**
- **ميزان الطبيب.**
- **رسالة في التداوي بالسموم.**

**ومن إنجازات ابن البيطار الأخرى:**

- جمعه لكثير من العقاقير واكتشافه لعقاقير لم تكن معروفة سابقاً.
- أصبح نقيباً للصيادلة في مصر لدى السلطان الكامل الأيوبي.

# ثابت بن قره

**221- 228 هـ**

**826- 901 م**

**هو أبو الحسن ثابت بن قرة بن عرفان الحراني**، اشتهر بعلوم مختلفة مثل الرياضيات ، والطب،والفلك ، والفلسفة، وكان ثابت يجيد مع اللغة العربية ، عدداً كبيراً من اللغات الأخرى : منها : السريانية، واليونانية، والعبرية، وهو أول من ترجم مؤلفات بطليموس، المجسطي ، وكتابه جغرافية المعمورة . يقول الدكتور **جورج سارتون** في كتابه المعروف المدخل في تاريخ العلوم: ( إن ثابت بن قرة يعد من أعظم المترجمين ، وأعظم من عرف في مدرسة حران في العالم الغربي، وقد ترجم كتباً كثيرة من علوم الأقدمين في الرياضيات والمنطق و التنجيم والطب، وذلك بسبب مقدرته على إجادة مختلف اللغات الأجنبية).

ومدح المؤلف المشهور لين ثور نديك ثابت بن قرة في كتابه ملخص تاريخ الحضارة : ( إن ثابت بن قرة كان رياضياً ولغوياً بارعاً، وله مخطوطة مهمة جداً في علم الجبر، وفيها حل المعادلة ذات الدرجة الثالثة ، وأضاف الدكتور فرانسيس كارمودي في كتابه أعمال ثابت بن قرة الفلكية: ( **إن ثابت بن قرة طور وترجم معظم الإنتاج العلمي لإقليدس، وارخميدس، و ابولونيوس، وبطليموس، حتى صارت مؤلفاتهم كتباً مدرسية معتمدة في جميع الدول الإسلامية**).

كان الخليفة العباسي المعتضد بالله يكثر مجالسة العلماء وأصحاب المواهب والكفايات ، والمشاركة الفعلية في مشكلاتهم ، وكان يسهر طوال الليالي مستمعاً مناقشاتهم لبعض الابتكارات التي يقومون بها، وكان يقدم لهم

الكثير من الهدايا والمنح، فكان العلماء في عهد المعتضد بالله يتمتعون بمكانة اجتماعية خاصة، وكان المعتضد بالله يحترم ثابت بن قرة فيكنيه (**بأبي الحسن**) ، مع العلم إن ليس له من الأبناء من اسمه حسن، بل ولدان اسمهما: سنان وإبراهيم.

وبقي ثابت في القرن الثالث الهجري ، الموافق ( التاسع الميلادي) يدعي ( بأبي الحسن)، ويجدر بنا أن نذكر هنا قصة عن المعتضد بالله تروى كيفية احترامه لأهل العلم : **( كان المعتضد بالله ذات مرة وبصحبته العلامة ثابت بن قرة، في حديقة تابعة لبيت الخليفة، فسها الخليفة واتكأ على يد ثابت بن قرة ، فسحب الخليفة المعتضد يده بشدة وقدم اعتذاره الحار، وقال: ( أبا الحسن: سهوت ووضعت يدي على كتفك واستندت إليها، وليس هكذا يجب أن يكون ، فإن العلماء يعلون ولا يعلون).**

ويتفق اليوم علماء الرياضيات في المشرق والمغرب أن ثابت بن قرة مهد تمهيداً علمياً لحساب التكامل والتفاضل، وذلك بإيجاد حجم الجسم المتولد عن دورانه القطري المكافئ حول محوره، ولقد قال ديفيد يوجين سمث في كتابه تاريخ الرياضيات ( المجلد الثاني) ( كما هي العادة في أحوال كهذه يتعسر أن نحدد بتأكيد إلى من يرجع الفضل في العصور الحديثة ، في عمل أول شيء جدير بالاعتبار في حساب التفاضل والتكامل ، ولكن في استطاعتنا أن نقول أن ستيفن يستحق أن يحل محلا هاماً من الاعتبار ، أما مآثره فتظهر خصوصاً في تناول موضوع إيجاد مركز الثقل لإشكال هندسية مختلفة اهتدى بنورها عدة كتاب أتوا بعده، ويوجد آخرون حتى في القرون الوسطى قد حلوا مسائل في إيجاد المساحات والحجوم بطرق يتبين منها تأثير نظرية أفناء الفرق اليونانية،

وهذه الطرقة تطفو نوعاً ما في حساب التكامل المتبع في الوقت الحاضر ، من هؤلاء يجد بنا أن نذكر العالم العربي ثابت بن قرة ، الذي أوجد ( **حجم الجسم المتولد من دوران القطع المكافئ حول محوره**) وكرر ديفيد يوجين سمث الفكرة نفسها في أماكن مختلفة، فقد قال في كلمة ألقاها في جامعة كولومبيا في نيوريوك عام 1920 ميلادية : ( إن ثابت بن قرة صاحب الفضل في اكتشاف علم التفاضل والتكامل ، حيث وجد حجم الجسم المكافئ، وذلك في عام 870 ميلادية، وحساب التفاضل والتكامل أعان أعانة تامة على حل عدد كبير من المسائل العويصة والعمليات الملتوية).

كان ثابت بن قرة حجة في جميع فروع المعرفة ، فأعطى اهتماما خاصا لدراسة الشمس وحركتها، فكتب المؤلف المعروف سدني فيش في كتابه الشرق الأوسط ( إن ثابت بن قرة درس حركة الشمس وحسب طول السنة الشمسية 365 يوماً و 6 ساعات و 9 دقائق و10 ثوان بالضبط أكثر من الحقيقة بأقل من نصف ثانية. كما حسب ميل دائرة البرج 23 درجة و 33 دقيقة و30 ثانية) وكذلك لمع بين علماء عصره في مقدرة فائقة النظر بإدخاله علم الجبر على علم الهندسة. لهذا يعتبر ابن قرة أبا الهندسة التحليلية، ويقول المؤلف المشهور كارل فنك في كتابه المختصر في تاريخ الرياضيات: ( إن ثابت بن قرة من مواليد ما بين النهر دجلة والفرات، وهو يعتبر أعظم هندسي في القرون الوسطى. ولقد ترجم وعلق على ثمانية كتب من القطاعات لابن لونيوس، وأرخميدس وبطليموس، التي بقيت مدة طويلة مرجعاً أساسياً في مكتبات العالم).

اشتهر ثابت بن قرة بين علماء العصور الوسطى بعلم الهندسة، فكانوا يصفونه بسرعة البديهة وبأصالة التفكير، ولقد مدحه المؤلف الكبير ول ديورانت في قصة الحضارة الجزء الثاني من المجلد الرابع قائلاً: ( **إن ثابت بن قرة أعظم علماء عصره في علم الهندسة فكان لامعاً بين أخوانه العرب** ) وأضاف روبرت ماركس في كتابه تطورات الرياضيات من علم الحساب على التفاضل والتكامل : ( إن إعمال أرخميدس الأصيلة عن خواص مسبع الشكل فقدت ، ولكن لحسن الحظ أن مخطوطة لثابت بن قرة في هذا الموضوع باللغة العربية حصل عليه الأستاذ كارل سكوى في مكتبة جامعة القاهرة وترجمها إلى اللغة الألمانية عام 1929 ميلادية )، ومن المفهوم إن الكثير من علماء العلوم في العصور الوسطى كانوا ملمين إلماماً تاماً بمعظم العلوم، ولكن لم تكن ابتكارات أحدهم إلا في موضوعات محدودة ولها علاقة كاملة ببعضها.فأبدع ثابت بن قرة في الهندسة ، والجبر والأعداد المتحابة، والمربع السحري، وعلق الدكتور كارل فينك في كتابه ملخص تاريخ الرياضيات : ( إن ثابت ابن قرة أعظم عالم عربي في علم الهندسة ، وقد حاول بكل جدارة أن يبرهن الموضوعة الخامسة من موضوعات إقليدس التي لم تبرهن حتى الآن فكان برهانه يدل على عبقريته لما فيه من العمق وخصب القريحة، وهذه الموضوعة تقول: ( إذا كان هناك خطان ورسم خط قاطع لهما، ونتج أن مجموع الزاويتين المتقابلتين من الداخل وفي وجهة واحدة من القاطع اقل من 180 درجة فإن هذين الخطين سيتقابلان في مكان ما ) ، وأضاف البرفسور فلورين كاجوري في كتابه تاريخ الرياضيات : ( أن المسلمين بدئوا دراستهم من هندسة إقليدس، ولهذا فإن ثابت بن قرة لم يترك شيئاً من مؤلفات إقليدس إلا

وترجمها،وأضاف إليها معلومات جديدة). ذاع صيت ثابت بن قرة بين معاصريه من علماء العرب والمسلمين حتى كنى ( **بمهندس العرب**) . كما اشتهر ، إلى جانب ذلك : بالطب والصيدلة، فصنف كتابا في أوجاع الكلى والمثانة، وآخر في العقاقير، مما يدل على اتساع معرفته وشموليتها، كان لثابت الفضل الكبير في اكتشاف حساب التفاضل والتكامل، العلم الذي لا يمكن بدونه الوصول إلى مدنية القرن العشرين، يقول أنور الرفاعي في كتابه الحضارة في الوطن العربي الكبير: ( أوجد ثابت بن قرة حجم الجسم المكافئ الناتج عن دوران قطع مكافئ حول محوره، ثم زاد على ذلك الحسن بن الهيثم فأوجد حجم هذا الجسم إذا دار حول أي قطر، أو أي رأس، وبدون شك هذه هي اللبنة الأولى لحساب التفاضل والتكامل).

والجدير أن تعميم نظرية فيثاغورس وابتكار قانونين احدهما لإيجاد الأعداد المتحابة، والآخر للمربعات السحرية لا يرجع لأي عالم غربي، بل يعود لعالمنا العربي العظيم ثابت بن قرة، ولكن علماء الرياضيات في أوروبا وأمريكا الذين حصلوا على السيطرة التامة على العلوم بعد القرن السابع الهجري الموافق ( الثالث عشر الميلادي) جاهلوا الخدمة التي قدمها ثابت بن قرة للحضارة الإنسانية ، بل أن بين هؤلاء من يؤمن إيماناً كاملا أن عقلا عربياً لا يمكن أن يكون هو أساس نظريات جليليو ، وقاوس ، ونيوتن، واويلر، وفرادى وغيرهم ، ولا يرجع هذا إلى مجرد مصادفة ، بل يعود إلى أمرين مهمين: احدهما تحامل وإجحاف الغربيين على التراث العربي الإسلامي ، وثانيهما إهمال العرب لتراثهم، مما ساعد الغربيين على هذا الاعتقاد ، والجدير بالذكر أن ثابت بن قرة من رواد العلماء العرب الذين

تلقوا العلم للعلم وانكبوا عليه بغية الاستزادة منه، ولقد خلف ثابت بن قرة أحفاد من كبار الشخصيات في تاريخ العلوم .

**مؤلفاته:**

ترك ثابت بن قرة مؤلفات كثيرة في : الرياضيات ، والطب، والفلك، والفلسفة، كـادت تكون مكتبة متكاملة في جميع فروع المعرفة.

وسنكتفي بذكر بعض كتبه ورسائله ومقالاته العديدة ، منها:

1- كتاب العمل بالكرة.

2- كتاب ترجمة واختصار المجسطي لبطليموس.

3- كتاب ترجم فيه كتاب جغرافية المعمورة لبطليموس.

4- كتاب علق على كتاب الكرة والاسطوانة لأرخميدس.

5- كتاب شرح فيه كتاب المعطيات في الهندسة لإقليدس.

6- كتاب في قطع الاسطوانة.

7- كتاب في المخروط المكافئ.

8- كتاب في مساحة الأشكال.

9- كتاب في قطوع الاسطوانة وبسيطها.

10- رسالة في أن الخطين المستقيمين إذا خرجا على اقل زاويتين قائمتين التقيـا في جهـة خروجها.

11- كتاب في المسائل الهندسية.

12- رسالة في المربع وقطره.

13- رسالة في الأعداد المتحابة.

14- كتاب في إبطاء الحركة في فلك البروج.

15- كتاب في أشكال إقليدس.

16- رسالة في عمل شكل مجسم ذي عشرة قاعدة تحيط به كرة معلقة.

17- رسالة عن مسيرة القمر.

18- كتاب حساب الهيئة.

19- كتاب في تركيب الأفلاك.

20- رسالة في تصحيح مسائل الجبر بالبراهين الهندسية.

21- كتاب ترجم فيه كتاب المخروطات في أحوال الخطوط المنحنية لأبي لونيوس.

22- كتاب المختصر في الهندسة.

23- كتاب شرح وعلق فيه على كتاب أصول الهندسة لمناولاس.

24- كتاب في تسهيل المجسطي.

25- كتاب المدخل إلى المجسطي.

26- كتاب في علة الكسوف.

27- رسالة بحث عن الحالة ( إذا وقع خط مستقيم على خطين).

28- رسالة في المثلث القائم الزاوية.

29- رسالة في حركة الفلك.

30- رسالة في رؤية الأهلة بالجنوب.

31- رسالة في رؤية الأهلة من الجداول.

32- كتاب في أشكال المجسطي.

33- رسالة فيما يظهر من القمر من آثار الكسوف وعلاماته.

34- كتاب المدخل على المنطق.

35- كتاب المدخل إلى إقليدس.

36- كتاب في طبائع الكواكب وتأثيراتها.

37- رسالة في استواء الوزن.

38- رسالة فيما ترك (ثاون) في حساب الكسوف للشمس والخسوف للقمر.

39- كتاب مختصر في علم النجوم.

40- كتاب المدخل إلى الأعداد.

41- رسالتين في أعمال ارخميدس بالهندسة.

42- رسالة في الدوائر المتماسة.

43- رسالة في الجبر وفيها بين علاقة الجبر بالهندسة وكيفية التفاعل بينهما.

44- رسالة في حساب خسوف الشمس والقمر.

45- رسالة في المخروط المسمى المكافئ.

46- رسالة عن أصول الهندسة لإقليدس.

47- رسالة في كتاب المناظر لإقليدس.

# جابر بن حيان

## 101 -199 هـ

## 721- 815 م

**هو أبو عبد الله جابر بن حيان بن عبد الله الازدي**، ولد في مدينة طوس في خرسان. عاش في الكوفة وكان والده يعمل بائعاً للأدوية في مدينة الكوفة، إما جابر فعمل صيدلانياً، بعد أن احترف علم الصنعة، وهو العلم الذي كان يطلق على الكيمياء آنذاك.

تتلمذ على الإمام جعفر الصادق وعلى الحميري، وبرع في ميدان الكيمياء، وشهد له بذلك مؤرخاً مشهوراً للعلم هو برتيلو عندما قال : ( **إن لجابر في الكيمياء ما لأرسطو في المنطق**)، على الرغم إن بعض المستشرقين ومؤرخي الغرب يشككون حتى في وجود شخصية علمية إسلامية بارزة كجابر بن حيان وهذا يعود إلى فهمهم الخاطئ لمراحل العلم عند المسلمين، إذ أنهم يرون إن الإنتاج العلمي عند المسلمين لم يبدأ إلا في نهاية القرن الثالث الهجري، لذلك نجدهم يستغربون هذه الإنجازات العلمية الكثيرة وخاصة في مجال الكيمياء عن عالم عاش في القرن الثاني الهجري.

ويشكك علماء آخرون وينسبون الكتب التي ألفها جابر لعلماء من طائفة الإسماعيلية، وقد أحسن ابن النديم الرد على هؤلاء إذ يقول: ( وأنا أقول، أن رجلاً فاضلاً يجلس ويتعب ويصنف كتاباً يحتوى على ألفي ورقة، يتعب قريحته وفكره بإخراجه ثم ينحله لغيره – إما موجود أو معدوماً ، ضرب من الجهل ) ، لا نريد أن نتوقف كثيراً عند هذه المسألة ، ونقول إن جابر قد اتبع منهجاً علمياً اعتمد على الملاحظة والتجربة واعتبرها المحك

لصحة الآراء في الكيمياء، وأهتما بالاستقراء وتصنيف الملاحظات، يقول العالم برتيلو عن جابر : ( إن لجابر بن حيان في الكيمياء ما لأرسطو في المنطق).وقد لعبت الكيمياء- ولا تزال تلعب – دوراً هاماً في هذا العصر، فلولاها لما تقدمت الصناعة تقدمها الحاضر، ولما سيطر الإنسان على بعض العناصر سيطرته الحالية. وإذا ذكرنا الكيمياء والصناعات التي خرجت منها وقامت عليها، توجه نظرنا إلى الذين وضعوا أساسها وعملوا على تقدمها وارتقائها من كهنة مصر، إلى علماء اليونان، إلى فلاسفة الهند، إلى نوابغ العرب، ويهمنا ما أحدثه العرب في هذا الفرع من ابتكار ، فنجد أنهم تبنوا هذا العلم وامتازوا على غيرهم برجوعهم فيه إلى التجربة والاختبار، إذ بعد اطلاعهم على بحوث من سبقهم من الأمم، أتوا بزيادات بن حيان ، كما أن بعض منصفي الغرب يعتبرون هذا العلم من نتاج القريحة العربية الذي قال عنه ( برتيلو ) : (لجابر بن حيان في الكيمياء ما لأرسطو طاليس في المنطق ... ويعتبر (برتيلو ) أيضاً إن جميع الباحثين العرب في هذا العلم نقلوه عن جابر واعتمدوه على تأليفه وبحوثه.

واشتهر جابر باشتغاله في العلوم ولا سيما الكيمياء وله فيها وفي المنطق والفلسفة تأليف كثيرة ومصنفات مشهورة ضاع معظمها ولم يبق منها غير ثمانين كتاباً ورسالة، في المكتبات العامة والخاصة ، في الشرق والغرب، وقد ترجم بعض منها إلى اللاتينية وكانت نبعاً للإفرنج استقوامنه واعتمدوا عليه في الموضوعات الطبيعية، والطبية، وكان لهذا النبع( اثر كبير في تكوين مدرسة كيماوية ذات اثر فعال في الغرب).

وقد يدهش القارئ من التراث الذي خلفه جابر في الكيمياء وغير الكيمياء فقد كان مـن أكثر العلماء إنتاجاً ، ونظرة إلى أسماء كتبـه ورسائله في الفهرسـت لابـن النديم ، تبين المـآثر الجليلة التي خلفها للأجيال التي أتت من بعده مما أحله مكانـاً مرموقـاً بـين الخالـدين مـن رجال العلم، أصحاب المواهب. لقد اعترف بفضل جابر باحثو الغرب فقال ( ليكلرك ) في كتابه ( تاريخ الطب العربي ) ما يلي : ( ... إن جابر من اكبر العلماء في القرون الوسطى وأعظم علمـاء عصره ... ) ويعترف ( سارطون ) بفضل جابر ويقـول : انه كـان شخصية فـذة ( ومن أعظم الذين برزوا في ميدان العلم في القرون الوسطى.

كان جابر حجة في الكيمياء لا ينازعه في ذلك منازع ( واليه يعود الفضل في حمـل عـصبة من التلاميذ المجتهدين على متابعة البحوث عدة قرون فمهدوا بذلك لعصر العلم والحديث).

واهـتم كثيرون مـن علمـاء الغرب بجـابر ونتاجـه، وكـان موضـع عنايـة ( **هولميارد** Holmyrad ) ، و ( **بارتنجتن** Partington ) ، و ( **استابلتن** Stapleton ) ، وغـيرهم، ومنهم من نقد بعض مؤلفات جابر وأثار حول حقيقتها الشكوك، ومنهم من أماط اللثام عـن نواح متعددة كانت غامضة في حياته ومآثره.

كان جابر شغوفاً بالكيمياء وعالما فيها بالمعنى الصحيح، فقد درسها دراسة وافية ووقف على ما أنتجه الذين سبقوه ، وعلى مـا بلغتـه المعرفـة في هـذا العلـم في زمنه وليست هذه المعرفة الشاملة هي التي جعلته علما فيها ، بل إن تغييره الأوضاع وجعل الكيمياء تقوم على التجربة والملاحظة والاستنتاج ، كل هذه العوامل جعلته خالـداً في الخالـدين في تاريخ تقـدم الكيمياء.

لقد فحص جابر ما خلفه الأقدمون، فخالف أرسطو في نظريته عن تكوين الفلزات ، ورأى أنها لا تساعد على تفسير بعض التجارب ، فعدل في النظرية وجعلها أكثر ملائمة للحقائق العلمية المعروفة آنذاك، وقد شرح تعديله هذا في كتابه ( **الإيضاح**) ، وخرج من هذا التعديل بنظرية جديدة عن تكوين الفلزات وقد بقيت هذه النظيرة معمولا بها حتى القرن الثامن عشر للميلاد. وابتكر جابر شيئاً جديداً في الكيمياء، فأدخل ما سماه علم الموازين، والمقصود به معادلة الأجساد ( **المعادن**) من طبائع (**... فجعل لكل من الطبائع ميزاناً ، ولكل جسد من الأجساد موازين خاصة بطبائعه ...** ) ويرى بعض المعاصرين في هذا الرأي ، وفيما ورد عنه من التفصيلات في كتب جابر وجاهة وقيمة، ( **... ونظيراً في بعض ما جاء في النظريات الحديثة عن تركيب العناصر وإمكان استحالة بعضها إلى بعض ...** ) وكان جابر أول من استحضر حامض الكبريتيك بتقطيره من الشبة وسماه زيت الزاج، ولسنا بحاجة إلى القول أن هذا عمل عظيم له أهمية الكبرى في تاريخ تقد الكيمياء والصناعة. وينسب إليه استحضار مركبات أخرى غير التي مرت، ككربونات البوتاسيوم، وكربونات الصوديوم، واستعمل ثاني أكسيد المنغنيز في صنع الزجاج، ودرس خصائص ومركبات الزئبق واستحضرها، وقد استعمل بعضها فيما بعد في تحضير الأوكسجين، ولا يخفى أن جميع هذه المركبات ذات أهمية عظمى في عالم الصناعة، فبعضها يستعمل فيصنع المفرقعات و الأصبغة، وبعضها الآخر في السماد الصناعي والصابون والحرير الصناعي.

وبحث جابر في السموم ، وله فيها ( **كتاب السموم ودفع مضارها**) ولعله أروع ما كتب في الموضوع، وهو من أندر المؤلفات . ولقد صدر جابر في

معالجة بحوث الكتاب على طريقة علمية لا تختلف في جوهرها عما هو جار عليه الآن، فأتى فيه على أسرار وأقوال الفلاسفة اليونان في السموم وأفعالها، كما ضمنه آراء جديدة وتقسيمات لأنواع السموم وأدويتها وتأثيرها وأفعالها في أجسام الحيوانات، مما لم يصل غيره إليه.

ولهذا الكتاب أهمية كبرى عند علماء تاريخ العلوم، وذلك لما له من وثيق العلاقة بالطب والكيمياء. ويمتاز جابر عن غيره من العلماء بكونه في مقدمة الذين عملوا التجارب على أساس علمي، هو الأساس الذي نسير عليه الآن في المعامل والمختبرات. لقد دعا جابر إلى الاهتمام بالتجربة وحث على إجرائها مع دقة الملاحظة، كما دعا إلى التأني وترك العجلة.

وقال : إن واجب المشتغل في الكيمياء هو العمل وإجراء التجربة، وان المعرفة لا تحصل إلا بها، وطلب من الذين يعنون بالعلوم الطبيعية إلا يحاولوا عمل شيء مستحيل أو عديم النفع، وعليهم أن يعرفوا السبب في إجراء كل عملية، وان يفهموا التعليمات جيداً ( لان لكل صنعة أساليبها الفنية ) على حد قوله. وطالبهم بالصبر والمثابرة والتأني باستنباط النتائج واقتفاء ( **أثر الطبيعة مما تريده من كل شيء طبيعي**).

وفوق ذلك طالب المشتغل بالكيمياء أن يكون له أصدقاء مخلصون يركن إليهم، يحملون مزاياه وصفاته من صبر ومثابرة وشدة ملاحظة وعدم الوقوف عند الظواهر.

ولهذا لا عجب إذا كان جابر قد وقف في كثير من العمليات كالتبخير، والتقطير، والتكليس، والإذابة، والتبلور، والتصعيد، وغيرها من العمليات الهامة في الكيمياء، فوصفها وصفا هو في غاية من الدقة، ويبين الغرض من

أجراء كل منها. وضع جابر عدداً كبيراً من المؤلفات والرسائل وردت في (**كتاب الفهرست لابن النديم** ) ومن كتبه التي ترجمت إلى اللاتينية:( **كتاب الجمع**) و(**كتاب الاستتمام**)، و ( **كتاب الاستيفاء**)، و( **كتاب التكليس**).

ولقد تركت هذه الكتب الأربعة وغيرها ابلغ الأثر عند العلماء والفلاسفة، حتى أن بعضهم رأى فيها من المعلومات ما هو أرقى وابعد أثراً مما يمكن أن تتصوره صادراً عن شخص عاش في ( القرن التاسع للميلاد) مما يدل على قيمة هذه الكتب ونفاسها من الناحية العلمية والكيماوية.

**انجازات جابر الأخرى :**

- اكتشف " الصودا الكاوية " .
- أول من استحضر ماء الذهب.
- أول من ادخل طريقة فصل الذهب عن الفضة بالحل بواسطة الأحماض. وهي الطريقة السائدة إلى يومنا هذا.
- أول من اكتشف حمض النتريك.
- أول من اكتشف حمض الهيدروكلوريك.
- اعتقد بالتولد الذاتي.
- أضاف جوهرين إلى عناصر اليونان الأربعة وهما ( الكبريت والزئبق) وأضاف العرب جوهرا ثالثا وهو ( الملح).
- أول من اكتشف حمض الكبريتيك وقام بتسمية بزيت الزاج.
- ادخل تحسينات على طرق التبخير و التصفية والانصهار والتبلور والتقطير.

● استطاع إعداد الكثير من المواد الكيميائية كأكسيد الزئبق وأكسيد الارسين .

● نجح في وضع أول طريقة للتقطير في العالم ، فقد اخترع جهاز تقطير ويستخدم فيه خرطوم زجاجي له قمع طويل لا يزال يعرف حتى اليوم في الغرب باسم "Alembic " من " الامبيق" باللغة العربية، وقد تمكن جابر بن حيان من تحسين نوعية زجاج هذه الأداة بمزجه بثاني أكسيد المنجنيز.

هذا بعض ما قام به جابر في العلم، ولا شك انه بهذه الإضافات والطريقة العلمية التي سار عليها في بحوثه وتجاربه، قد احدث أثراً بعيداً في تقدم العلوم وخاصة الكيمياء ، فأصبح بذلك أحد أعلام العرب ومن مفاخر الإنسانية، إذ استطاع أن ينتج وان يبدع في الإنتاج،مما جعل علماء أوروبا يعترفون له بالنبوغ ً والفضل والسبق .

# الجاحظ

**159 ـ 255 هـ**

**775 ـ 868 م**

**هو أبو عثمان عمرو بن بحر بن محبوب الكناني ألليثي البصري** ، من كبار أئمة الأدب في العصر العباسي .

كان واسع الاطلاع على لغة العرب وآدابهم وأشعارهم وأخبارهم ، ودرس المؤلفات اليونانية وغيرها ، وتتلمذ على أكابر علماء الكلام والفقهاء واللغويين .

خالط الناس على اختلاف طبقاتهم . وعانى الفقر حينا وتمتع بالغنى والجاه أحيانا .

اتصل بالحكام والأمراء والخلفاء فأكرموه ، وقدروا فضله ونبوغه وأحلوه المكان اللائق بأدبه وعلمه . عاصر الخلفاء : ( المهدي ) ، ( الرشيد ) ، ( الأمين ) ،(المأمون ) ، ( المعتصم ) ،( الواثق ) ، ( المتوكل ) ، ( المنتصر ) ، ( المستعين ) و ( المعتز ) ، ومات في خلافة المهتدي بالله .

شاهد الأحداث التي وقعت في عهود هؤلاء ، وكان كثير الأسفار ، يدرك في السفر تغييرا يجدد قواه ونشاطه ، ورياضة لها أثر في صقل عقله وتوقد ذهنه ، فقد سافر ( الجاحظ ) إلى الشام ، وأنطاكية ، وتغلغل في صحراء جزيرة العرب ، وفي البراري والقفار ، فتعلم من هذا كله الشيء الكثير مما اكسبه معرفة بطباع الناس وأخلاقهم وسلوكهم ، وقد ساعده على كسب هذه المعرفة استعداد واسع ، للأخذ والاقتباس ، والعطاء حتى يمكن القول : " إن كتبه أغرز مصدر لدراسي الحياة الاجتماعية في عصره ...."

لقد لاقى ( الجاحظ ) من عنت الناس وحسدهم ولؤمهم ما نغص عليه الحياة، ولكن لم يحل ذلك دون تقدير الناس وذوي السلطان لفضله وعلمه ونبوغه، فذاق عز السلطان كما ذاق ذله، وتقلب في نعيم الجاه كما تعرض لمتاعبه وخشونته. وليس عجيبا أن يصاب ( الجاحظ ) بما أصيب به، فهو عبقري، والعبقرية في كثير من الأحيان نقمة على صاحبها ونعمة للآخرين..

أخذ ( الجاحظ ) عن اليونان، والهند، والفرس وتأثرت ثقافته بما أخذ واقتبس عن هذه الأمم. " فالجاحظ نزاع إلى التجريد وهو لا يرى باسا بأن يدخل العربية عنصر من عناصر آداب الأمم المعروفة في عصره المشهور بالعلم والحكمة والأخلاق والآداب... " كما يقول الأستاذ ( شفيق جبري ) في كتابه النفيس ( الجاحظ ). ولقد جاء في كتاب " **الحيوان** " للجاحظ ما يؤيد أخذه ونقله ، قال : " .. وقد نقلت كتب الهند ، وترجمت حكم اليونان ، وحولت آداب الفرس ، فبعضها ازداد حسنا وبعضها ما انتقص شيئا ... وقد نقلت هذه الكتب من أمة إلى أمة ، ومن قرية إلى قرية ومن لسان إلى لسان ، حتى انتهت إلينا ،وكنا آخر من ورثها ونظر فيها ...

والثابت أن ( الجاحظ ) لم يقع في يده كتاب إلا استوفى قراءته تماما ما كان ، حتى انه كان يكتري دكاكين الو ارقين ويثبت فيها للنظر.كتب (الجاحظ) في موضوعات مختلفة متعددة ، وأجاد في عرضها بأسلوب لا يجارى , وقد قال ( المسعودي ) في مروجه عن أسلوبه : " ... ولا يعلم أحد من الرواة وأهل العلم أكثر كتبا منه .... وقد نظمها أحسن نظم ، ورصفها أحلى رصف ، وكساها من كلامه أجزل لفظ ... وكان إذا تخوف ملل القارئ وسأم السامع ، خرج من جد إلى هزل ، ومن حكمة بليغة إلى نادرة طريفة .. "

ويقول الأستاذ ( احمد أمين ) : إن ( الجاحظ ) مزج في كتبه التي وقعت بين أيدينا يعرف من أحداث ، وما جرب هو نفسه من تجارب .

ومزج ما تعلم بما قرأ، بما استمع، بما جرب. وقد وضع هذا كله في (**أسلوب سمح فضفاض**) يزيد طلاوته وتقديره للنادرة الحلوة والفاكهةالعذبة.

والجاحظ أنظم رجل أخرجته مدرسة النظام على رأي ( **دي بور** ) : وهو فيلسوف طبيعي، سار على غرار النظام في منهج البحث وتحرير العقل، وفي الشك والتجربة قبل الإيمان واليقين. واستطاع بأسلوبه العذب السهل أن يجلو نقاطاً غامضة في بعض البحوث العقلية والفلسفية وفي موضوعات الاعتزال: ( وقد وسع ضيقها وقربها إلى كل ذهن يفهم فاتسعت دائرة المعارف ووصلت به إلى أذهان لم تكن تسيغ أقوال الفلاسفة والمتكلمين واقنع عقول قوم لم يكن يقنعهم القول الموجز والتعبير المجمل...).

والجاحظ مخلص للحق محب للمعرفة شغوف بالصدق والإنصاف، يتجلى ذلك في مقدمة كتاب ( الحيوان) حيث قال: (... جنبك الله الشبهة، وعصمك من الحيرة ، وجعل بينك وبين الصدق سبباً ، وحبب إليك التثبيت وزين في عينيك الأنصاف، وأذاقك حلاوة التقوى، واشعر قلبك عز الحق...).

وكان رائده الحق وضالته الحقيقة، ينشد الوصول إليها عن طريق التثبيت والتجربة والعقل والبرهان...

كان الجاحظ يؤمن بأن العلم ـ مشاع ـ ليس ملكاً لأمة دون أخرى، وانه إنما وضع جميع الناس على تعدد أهوائهم واختلاف نحلهم، جاء في مقدمة

كتابه ( **الحيوان** ) ما يلي " وهذا كتاب تستوي فيه رغبة الأمم وتتشابه فيه العرب والعجم، لأنه وان كان عربياً أعرابياً، وإسلامياً جماعياً، فقد اخذ من طرف الفلسفة، وجمع معرفة السماع، وعلم التجربة، وأشرك بين علم الكتاب والسنة ، وبين وجدان الحاسة وإحساس الغريزة " .

لقد وضع الجاحظ في هذه الكلمات القليلة ( الأصول ) التي سار عليها في كتابه ( **الحيوان** ) في تحري الحقيقة، والاستعانة بالعقل والحواس في سبيل الوصول إلى معرفتها.

وأدرك الجاحظ ما في الإنسان من مزايا تدفعه إلى التقدم، جاء في كتاب (**الحيوان**) قوله :
( ... **وينبغي أن يكون سبيلنا لمن بعدنا كسبيل من كان قبلنا فينا**).
على إن وجدنا من العبرة أكثر مما وجدوا، كما أن من بعدنا يجد من العبرة أكثر مما وجدنا...
).

ومن هنا يتجلى إدراك الجاحظ لما أدركه بعض الفلاسفة في هذا العصر، فقد سبقهم في ملاحظاتهم الدقيقة عن الإنسان ومزاياه التي أدت إلى التقدم والارتقاء. فالإنسان يأخذ ما عمله ويضيف إليه، وكيفية الأخذ ومقدار الزيادة مرهونان بعوامل عديدة لا شأن لنا بها الآن، وهذه المزية الكاملة في الإنسان هي التي تميزه عن الحيوان. فالإنسان منذ الأزل يعتمد على غيره، ويجد العبرة فيمن سبقوه، ثم يحاول الإتيان بشيء جديد، وعلى هذا فالاعتماد والابتكار هما من العوامل اللازمة لتقدم الإنسان، بل لا تقوم حضارة ولا تزدهر مدينة، إلا على أسس من الاعتماد والابتكار.

فلقد اعتمد المصريون على البابليين والكلدانيين والفينيقيين، واعتمد الإغريق على المصريين. كما اعتمد الرومان والهنود على من سبقهم من الإغريق وغيرهم، واخذ العرب عن هؤلاء، واقتبست أوروبا عن العرب وعن الذين سبقوهم، وهكذا فالجهود الفكرية ملك عام يمكن لمن يريد أن يعتمد عليها ويقتبس منها، أن يخرج بالعبرة التي تؤدي إلى الحركة والتقدم.

وللجاحظ أراء قيمة في العقل والإرادة تدارسها العلماء والفلاسفة في عصره والعصور التي تلت، فالإنسان عند الجاحظ قادر على أن يعرف الخالق بعقله، وعلى أن يدرك الحاجة إلى الوحي الذي ينزل على الأنبياء، وهو يرى أن لا فضل للإنسان إلا بالإرادة، وان الأفعال تصدر عنه بالطبع، وان كل علمه اضطراري يأتيه من الله. بلى إن المعارف ليست من فعل الإنسان لأنها (... متولدة إما عن اتجاه الحواس أو اتجاه النظر، ولذلك قال إن الإنسان في تحصيل معارفه ليس له إلا توجيه الإرادة، وما يحدث بعد ذلك فاضطرار وطبيعة...) ويقول الجاحظ في هذا الشأن: ( أن المعارف كلها ضرورية، وليس شيء من ذلك من أفعال العباد، بالقدر خيره وشره من العبد بسلطان العقل، لا يسلم بصحة شيء إلا إذا استساغه العقل، فالأدب عنده خاضع للنقد.

وكذلك فلسفة أرسطو فقد انتقدها وعاب على أرسطو اموراً كثيرة تتعلق بالأصول التي كان يتبعها في تحقيقاته، فهو أي الجاحظ يرى إن أرسطو لم يثبت بعض الأمور بالعيان والسماع والامتحان والتجربة.

وقد أتى في كتاب ( **الحيوان**) على بعض أقوال أرسطو ففندها واظهر نواحي الضعف فيها، وبين كيف أن أرسطو لو لجأ إلى التجربة لتحقيقها لما قال بها ولما أتى على ذكرها.

وكذلك أنكر الجاحظ على آخرين من فلاسفة اليونان أشياء جاءوا بها وقد ردها ولم يتقيد بها، لان العقل لا يستسيغها ولا يقبلها، ودعا إلى نبذها.

وكان الجاحظ مطبوعاً على البحث عن أصل كل شيء وعن علته، دون أن يقتصر على الانقياد والتقليد، وقد ورد في كتابه ( **الحيوان**) في مواضع كثيرة ما يدل على انه كان

يرد إلى العقل، ولا يأخذ بأي شيء يحكم عقله ويجعله المرجع الأخير، فإن أجاز ( **العقل**) ذلك الرأي والشيء أجازه واخذ به، وان لم يجزه أهمله ورماه.

وكان يستعين بالعقل إلى ابعد الحدود، ولا يعتمد على الحواس إلا على أساس معونة العقل قال في هذا الشأن: (... فلا تذهب إلى ما تريك العين، واذهب إلى ما يريك العقل هو الحجة ... ) فالأدلة والبرهان دليله وطريقه في البحث.

وكان الجاحظ لا يجعل الشيء الجائز كالشيء التي تثبته الأدلة ويخرجه البرهان من باب الانكسار ويقول الأستاذ شفيق جبري في هذا الصدد ما يلي: ( **فالأدلة والبراهين من أعمال العقل، وهذه هي الطريقة إنما هي طريقة ديكارت ملاكها العقل ومدار طريقته على هذه الكلمة : لا تصدق إلا ما كان واضحاً، صدق ما كان واضحاً).**

فالوضوح إنما هو أصل الأمر في اليقين، فما ينبغي لقوة من القوى الظاهرة، أن يكون لها سلطان على حرية تفكيرنا، وما القوى الظاهرة إلا السلطة والأوهام والمصلحة والأحزاب (... فما أشبه قول ديكارت لا تصدق إلا ما كان واضحاً بقول الجاحظ : لا اجعل الشيء الجائز كالشيء الذي تثبته الأدلة ...) فهو يلجأ إلى التجربة ليتحقق من صحة نظرية من النظريات أو رأي من الآراء، فقد جرب في الحيوان والنبات، وفي كل تجربة كان يسير على نهج خاص.

ففي بعضها ( ... كان يقطع طائفة من الأعضاء، وفي بعضها كان يلقي على الحيوان ضرباً من السم، وحينا كان يرمي بتجربته إلى معرفة بيض الحيوان والاستقصاء في صفاته، وكان حينا يقدم على ذبح الحيوان وتفتيش جوفه وقانصته، ومرة كان يدفن الحيوان في بعض النبات ليعرف حركاته، ومرة كان يذوق الحيوان، وكان في أوقات يعج بطن الحيوان ليعرف مقدار ولده: وفي أوقات كان يجمع أضداد الحيوان في إناء من قوارير ليعرف تقاتلها، وكان يلجأ في بعض الأحايين في استعمال مادة من مواد الكيمياء ليعلم تأثيرها في الحيوان.

ولم يقف الجاحظ عند التجارب بنفسه وإتباع منهاج خاص لكل منها، بل كان في كثير من الأحيان، يشك في النتائج التي يتوصل إليها ، ويستمر في الشك وتكرار التجربة ،

ل ويدعو إلى ذلك كله حتى تثبت صحة النظريات والآراء وتتجلى له الحقيقة ويتعرف على مواضع اليقين والحالات الموجبة لها، وتعلم الشك في المشكوك فيه تعلماً، فهو لم يكن ذلك إلا تعرف التوقف ثم التثبيت لقد كان ذلك مما يحتاج إليه).

ولسنا نعني أن تجارب الجاحظ وتحقيقاته عملية بالمعنى الحديث وغير ناقصة، وانه كان يسير فيها كما يسير علماء القرن العشرين فالجاحظ من علماء القرن التاسع للميلاد، وليس من الحق أن نقيس نتاجه وتراثه وتجاربه بالمقياس الذي تستعمله في هذا العصر، ولكن يمكن القول أن في الجاحظ صفات العالم :

فهو من رواد الحقيقة ويحاول الوصول إليها عن طريق التجربة وغير التجربة، وبمعونة للمادة ومعونة العقل، وانه كان كذلك - دقيق الملاحظة، ويبتعد عن الهوى ويتنزه عن الغرض فيما يجرب أو يمحص.

وعلى هذا فليس على الجاحظ وهذه طرائقه في التحقيق ومنهاجه في البحث- ان يهزأ بالخرافات والآراء الشائعة غير المعقولة، فكان لا يأخذ بأقوال الناس، بل كان يحكم العقل فيما يقولون ويروون من قصص وأخبار عن الحيوانات وغيره، ويجري في تفسيره للظواهر والطبائع حسب المعقول وطبائع الأشياء.

وأبان صراحة بأن العقل الصحيح يجب أن يكون أساساً من أسس التشريع، وعلى هذا فالعقل عند الجاحظ هو المرجع، وهو الحكم في التفسير والأخذ بالأحاديث النبوية.

وترك الجاحظ ثروة علمية وأدبية أودعها في كتب عدة وقد وصل بعضها إلى أيدينا ، وهي : الحيوان ، والبيان، والتبيين، والبخلاء وغيرها من كتب الأدب.

# حنين بن إسحاق

**حنين بن اسحق العبادي** عالم ومترجم وطبيب عربي مسيحي نسطوري، أصله من الحيرة، ويعد أهم مترجم إلى العربية على مر العصور ،وكان يجيد بالإضافة للعربية - السريانية والفارسية واليونانية، قام بترجمة أعمال جالينوس وأبقراط وأرسطو والعهد القديم من اليونانية ، وقد حفظت بعض ترجماته أعمال جالينوس وغيره من الضياع.

عينه الخليفة العباسي مسئولا عن بيت الحكمة، ساعده ابنه إسحاق بن حنين وابن أخته حبيش بن الأعسم.

كان حنين ميالا إلى دراسة الطب ودخل في عداد تلاميذه الأستاذ الكبير يوحنا بن مأسوية وكان حنين ميالا إلى الإكثار من الأسئلة، ولعل يوحنا قد ضاق ذرعا بأسئلته ذات يوم فلم يكن لطيفا في الرد عليه، وقال له كلاما قلل فيه من شأنه، باعتبار انه من أسرة غير طبية، وكأنما صنعة الطب وقف على طبقات معينة في المجتمع، ولم يتحمل حنين المرهف الحس هذه الإهانة، التي وجهها الأستاذ ( المتعجرف) فغادر مجلسه ولم يعد ، ودرس لغة الإغريق وجاب أنحاء البلاد حتى أتقن هذه اللغة إضافة إلى إتقانه للغة السريانية والى مقدرته النادرة في لغته الأم ( العربية) وقد عرف حنين السريانية أيضا منذ طفولته بفضل نشأته الدينية إذ كان شماسا يلبس ( الزنار).

وما أن أتقن حنين هذه اللغات، وأصبح فارسا في هذا الميدان حتى عاد إلى موطنه وعمل في الترجمة واشتهر كترجمان ينقل من الإغريقية إلى السريانية أو إلى العربية، فأصاب وصحح كثيرا من ترجمات أسلافه وزملائه في الترجمة الذين وقعوا في بعض الأخطاء الناجمة عن ضعفهم في إحدى هذه اللغات

الثلاثة. ثم لمع حنين ، وأصبح ترجمان الخلفاء، وطبيبهم وجليسهم، وتعرض إلى مجموعة من الدسائس والمؤامرات من حساده وخصومه ، فلم ينزل إلى مستوى المهاترات ، ولم يفقد إيمانه بالله ولم يتنازل عن مبادئه وأخلاقه فازداد أصحاب الأمر ثقة به وإعجابا وأصبح رجلا مهيب الجانب يساعده ابن أخته، حبيش وأبناؤه، ومجموعة من تلاميذه في أعمال الترجمة في شتى العلوم ومنها العلوم الطبية. وترك هؤلاء وعلى رأسهم أستاذهم حنين أثرا عظيما في تاريخ العلوم ليس له مثيل في أي زمان وأي مكان.

ولقد روى ابن أبي أصيبعة قصة حياة حنين، وما تعرض له من دسائس وكيف تغلب عليها ، وذكر قصة تجواله بحثا عن العلم وطلبا لإتقانه اللغات اللازمة لرجل العلم في ذلك العصر ، ثم كيف عاد إلى البصرة لكي يتمكن من فنون اللغة العربية ويتعرف على مجالس لغوييها.

ويحكي لنا صاحب ( عيون الأنباء ) أيضا كيف استقبل هذا الفتى حين عودته ، وكيف وثق به أساتذته ، وكيف عاد يوحنا بن مأسوية إلى ملاطفته وكيف تعرف عليه الخلفاء العباسيون من خلال صلته بال بختيشوع أطباء البلاط العباسي وأساتذة جنديسابور الكبار ، ثم كيف أوكل إليه العمل في (دار الحكمة ) .

ثم يروي ( ابن أبي إصبعية ) قصص النكبات والشدائد التي حلت به، وكيف صمد في وجهها بكل إيمان وثقة بالنفس ، وكيف ازداد أكبار الخليفة له واحترامه إياه حينما رفض أن يستخدم علمه في سبيل الأذى ، وان يسخر الطب من اجل القتل السياسي للخصوم فأظهر بذلك مستوى من الأخلاق الشخصية والمهنية تميزه بين أطباء الملوك في كل تاريخ الطب .

اطلع حنين على كتب جالينوس وترجم عددا كبيرا منها وقد لخص ما يزيد على خمسة عشر كتابا كم كتبه المتعلقة في طب العين والعلوم التابعة له تلخيصا . بديعا في تسع مقالات ـ كتبها في مدة تزيد على الثلاثين عاما .

وبعض كتب جالينوس هذه مفقودة لا نعرفها إلا من خلال كتاب حنين هذا ، وبعض الكتب التي اعتمد عليها جالينوس مفقودة أيضا لا نعرف من محتواها إلا ما لخصه حنين.

وقد جمع حنين هذه المقالات ثم أضيفت إليها لأسباب غير مؤكدة بعد، مقالة عاشرة حول أدوية العين المركبة ، ويقال إن مقالة أخرى قد أضيفت إلى هذا الكتاب تبحث في العمليات الجراحية التي تجرى على العين.

ومهما يكن من أمر الكتاب وأسباب جمع هذه المقالات ودور حبيش- ابن أخت حنين في جمعها أو دعوة خاله إلى جمعها فإن الكتاب يلخص تلخيصا رائعا لكل ما خلفه لنا جالينوس في هذا الحقل فهي تعرف تشريح العين والعصب البصري والدماغ كما تشرح نظرية الأبصار وعلم الأمراض والأسباب والعلامات وتصنف أيضا أدوية العين المفردة والمركبة.

وقد كان هذا الكتاب واسع التأثير على جميع المؤلفين العرب الذين جاءوا بعد القرن الميلادي التاسع.

ونقل عنه أيضا ابن الأكفاني والشاذلي اللذين عاشا في مصر في القرن الثامن للهجرة ( الرابع عشر الميلادي) كما طار صيت الكتاب غربا فوصل إلى الأندلس وذكره واقتبس منه الغافقي في القرن السادس الهجري وطار صيته شرقا فاقتبس منه الجراح ( **ذو اليد الذهبية**) أبو روح بن منصور الجرجاني في

كتابه الشهير ( **نور العين**) الذي كتبه بالفارسية والذي يعتبر أول كتاب طبي عيني في الإسلام كتب باللغة الفارسية.

على أن أهم الاقتباسات عن هذا الكتاب هي تلك التي أوردها الرازي في موسوعته ( **الحاوي**) هذه الموسوعة التي لم تر النور إلا بعد وفاة صاحبها.

ولقد تميز كتاب حنين هذا على الرغم من عهده المبكر بأنه احتوى على بعض الصور التشريحية الجميلة والملونة والواضحة.

أما الكتاب الهام الآخر الذي كتبه حنين فهو ( **كتاب المسائل في العين**) وهو يحتوي على مائتين وسبع عشرة مسألة مع أجوبتها وصيغة الكتاب تشير إلى انه كتب للمتعلمين.

ويحتوي الكتاب على ثلاث مقالات ونجد فيه إذا تأملنا مادته الطبية ، مختصرا مكثفا للمعلومات التي ينبغي أن يعرفها طلاب الطب.

وينبغي علينا أن ننتظر دراسة علمية مقارنة لهذين الكتابين من وجهتي النظر: الطبية و التدريسية.

وإذا أردنا أن نستعمل التعابير العصرية فأننا نقول أن علمي التشريح ووظائف الأعضاء قد احتوت عليهما المقالة الأولى، بينما غلبت على المقالة الثانية الدراسة السببية للأمراض، وخصصت المقالة الثالثة لأغراض الأمراض و علاماتها.

وقد ذكر أن حنينا كتب عددا من المقالات القصيرة أو الرسائل ، بعضها يشبه بعض مقالاته التي وردت في كتابه الأول وبعضها ربما كان شيئا جديدا.

وقد رأى الأب سباط بعض هذه المخطوط في مكتبات خاصة في حلب، إلا أنها لم توصف ولم تدرس بعد ، وقد أصبح مصير هذه المكتبات مجهولا للأسف.

وأننا نجد انه أصبح من الضروري الآن... بعد نشر كتابي حنين الرئيسين وبعد نشر ( **الحاوي**)، أن تجري دراسة مجددة للمادة العلمية التي كتبها حنين، اعتمادا على هذه النصوص والمقتبسات ، لكي نعرف مقدار التجديد الذي أجراه حنين على فن طب العين ومدى التقدم الذي أحرزته كتبه التدريسية قياسا على الكتب الإغريقية.

فمن الواضح أن حنينا كان أهم مرجع اعتمد عليه الكحالون العرب ( أطباء العيون ) في تأليفهم في العصر الذهبي، فأضافوا إليه من معلوماتهم ، وملاحظاتهم السريرية وخبرتهم المستقاة من العمل في المشافي وفي الممارسة الخاصة بعد أن نسقوا هذه الملاحظات بشكل منهجي.

**ومن كتبه الأخرى:**

- كتاب تركيب العين.
- كتاب الألوان.
- كتاب تقاسيم علل العين.
- كتاب اختيار أدوية العين.
- كتاب علاج أمراض العين بالحديد.

# ابن خلدون

## 732 – 808 هـ

## 1332 – 1406م

**هو عبد الرحمن بن محمد بن خلدون**، ولد في تونس وأقـام في أقطار المغـرب العربي: تونس، المغرب، الجزائر، وتنقل بين الدول ، ولكنه قضى اغلـب مراحـل حياتـه في بلـدة تـونس وكتب الجزء الأول من المقدمة بقلعة بني سلامة بالجزائر وفي آخر حياته تولى القضاء المـالكي بمصر بوصفه فقيها متميزا خاصة انه سليل المدرسة الزيتونيـة العريقة، تـوفي سـنة 1406م (808 هـ) ، ومن بين أساتذته الفقيه الزيتوني الإمام ابن عرفة حيـث درس بجامع الزيتونـة المعمورة ومنارة العلوم بالعالم الإسلامي آنذاك.

ويعد من كبار العلماء الذين أنجبتهم شمال إفريقيا، إذ قدم نظريـات كثيـرة جديـدة في علمي الاجتماع والتاريخ، بشكل خاص في كتابيه: العبر والمقدمـة، وقـد عمـل في التـدريس في الزيتونة بتونس ثم في بلاد المغرب، بجامعـة القـرويين ، ثـم في الجامـع الأزهر في القـاهرة، وغيرها من محافل المعرفة التي كثرت في أرجاء العالم الإسلامي المختلفة خـلال القـرن الرابـع عشر نظراً لحض الدين الإسلامي الحنيف للناس على طلب العلم، وقد عمل ابن خلدون في مجال القضاء أكثر من مرة، وحاول تحقيق العدالة الاجتماعية في الأحكام التي أصدرها.

أن مقدمة ابن خلدون أساس التاريخ وحجر الزاوية فيه كما يقول ( **ماكدونالد**)، وهي مقدمة تاريخية فلسفية لم ينـسج أحـد عـلى منوالهـا قبلهـا، حتى علمـاء اليونـان والرومـان وغيرهم، وهناك من علماء الإفرنج من خرج

بتصريح خطير بعد دراسة المقدمة، فأعترف بأثر هذه المقدمة في التاريخ وفلسفته، قال ( روبرت فلنت) : ( ... من جهة علم التاريخ وفلسفته يتحلى الأدب العربي باسم من المع الأسماء فلا العالم الكلاسيكي في القرون القديمة، ولا العالم المسيحي في القرون الوسطى يستطيعان إن يقدما اسما يضاهي في لمعانه ابن خلدون ...) ويتابع كلامه هذا فيقول : ( ... إن من يقرأ المقدمة بإخلاص ونزاهة لا يستطيع إلا أن يعترف بأن ابن خلدون يستحق لقب مؤسس علم التاريخ وفلسفته...) وفي هذه المقدمة يتجلى اتساع أفق وتفكير ابن خلدون وغزارة علمه، فقد اتخذ من المجتمع كله وما يعرض فيه من الظواهر مادة للدراسة، وحاول أن يفهم من هذه الظواهر وان يعللها على ضوء التاريخ، وان يرتب من سيرها وتفاعلها قوانين اجتماعية عامة، وهذا ما جعل الباحثين يقولون يتفوق ابن خلدون على ( ميكا فللي) تفوقاً عظيماً في التفكير ونوع النتائج، وفي نظريات العصبية وأعمار الدول وخواصها ومعالجتها على النواحي الاجتماعية ، مما حدا بالعالم الاجتماعي ( **جمبلوفتس**) فيما يتعلق بكثير من النظريات و الآراء التي وردت في كتاب ( **الأمير**) لمكيافللي.

وقد قارن ( كاوزيو) بين ابن خلدون ومكيافللي فقال في هذا الصدد : ( .. إذا كان ميكافللي يعلمنا وسائل حكم الناس فإنه يفعل ذلك كسياسي بعيد النظر.

ولكن العلامة التونسي ابن خلدون استطاع أن ينفذ إلى الظواهر الاجتماعية كاقتصادي وفيلسوف راسخ، مما يحملنا بحق على أن يرى في أثره من سمو النظر والنزعة النقدية ما لم يعرفه عصره... ).

وقد درس الأستاذ ساطع الحصري المقدمة دراسة وافية وقارنها بمؤلفات فيكو و مونتسيكو وغيرها، فجاء كتابه ( ... دراسات في مقدمة ابن خلدون من أروع الكتب الحديثة وأنفسها التي كشفت نقاطاً كانت غامضة عن ابن خلدون وآثاره وقيمته العلمية والتاريخية.

ويرى الأستاذ إن نزعة ابن خلدون الفكرية كانت اقرب من نزعة فيكو إلى مناحي البحوث العلمية بوجه عام والى أصول علمي التاريخ والاجتماع بوحه خاص.

فهناك فروق بارزة بين المقدمة وكتاب ( **العالم الجديد**) فيكو من وجهة النزعة العامة، فبينما نرى أن فيكو يمزج فكرة الله ببحوثه مزجاً تاماً ويلتجئ إليها في كل خطوة من خطوات تفكيره، حتى أننا لو حذفنا العبارات المتعلقة بالله من كتاب "العالم الجديد " لانقطع تسلل الأفكار في اغلب الأحوال ولضاعت المعاني في أحيان كثيرة ، بينما نرى كل هذا في كتاب فيكو : نجد أن سلوك ابن خلدون يختلف اختلافا كليا فهو يسير في تفكيره وتعليله سيراً مستقلا عن الدين، ولا يذكر الله وقدرته إلا في نهاية البحث لو حذفنا العبارات المتعلقة بالله لما تغير شيء من تسلسل المعاني وقوة الدلائل بوجه عام.

يرى الأستاذ ساطع إن ابن خلدون لم يرم في بحوثه إلى غاية دينية، بل انه كان يقوم بتلك البحوث لمعرفة الحقيقة لذاتها، في حين أن فيكو يرمي إلى غاية دينية صريحة، وهذا ما جعل الأستاذ الحصري يقول: ( ... ولا ترانا في حاجة إلى البيان إن خطة ابن خلدون في هذا المضمار اقرب من خطة فيكو إلى الروح العلمية والى مسالك التفكير الحديث...).

فقد جاء في المقدمة ما يشير إلى العلاقات القوية التي تربط الأحوال الاجتماعية بالحياة الاقتصادية، والى أهمية العوامل الاقتصادية في تطور الدول واستفحال الحضارة.

وقد ظهرت هذه الآراء في ثنايا المقدمة بعبارات صريحة لا غموض فيها، وعلى هذا فإن القول: (... إن شرف إدخال عنصر الاقتصاد في علم التاريخ يعود إلى مونتسكيو ما هو إلا افتئات على المواقع والحقيقة، وان هذا الشرف هو في حقيقة الأمر يعود إلى ابن خلدون الذي سبق مونتسكيو في هذا الشأن مدة تزيد على 250 سنة ...) وفوق ذلك فقد امتاز ابن خلدون على مونتسكيو بعمق التفكير ودقة النظر التي أظهرها في دراسة علاقة التاريخ بالاقتصاد، وهو يدرك ان السبب في التطورات والتقلبات التي تصيب المجتمع هو الاقتصاد.

وقال إن الفقر هو الذي يـؤدي بالناس إلى النهب والحرب، بـل إن الآراء التي يبـديها المفكر العربي في هذا الصدد تقربه كثيرا من مبادئ المذهب الاقتصادي الاجتماعي الذي عرف فيما بعد باسم ( المادية التاريخية) منذ عهد كارل ماركس في النصف الثاني من القرن التاسـع عشر للميلاد.

ومن يطالع سيرة ابن خلدون يجد انه خاض غمار السياسة وتعرض لمحنها وتقلباتها ، وانه اعتكف ورغب عن الناس إلى العلم والـدرس في آخـر حياته، ويـرى كثيرون أن هـذه الحالة التي نشأ عليها قد أكسبته خبرة، وبصرته بتجارب الحياة الخاصة والعامة.

كان ابن خلدون يرى أن الاقيسة المنطقية لا تتفق مع طبيعة الأشياء المحـسوسة ذلـك لان معرفة لا تتسنى إلا بالمشاهدة، وهو لا يدعو العالم أن

ي تفكر فيما تؤدي إليه التجربة الحسية، وان لا يكتفي بتجاربه الفردية ، بل عليه أن يأخذ مجموع التجارب التي انتهت إليها الإنسانية، وابن خلدون مفكر متزن التفكير، فقد حارب الكيمياء وصناعة النجوم بالأدلة العقلية وعقد لكل منها فصلا في إبطاله وعدم الأخذ به.

لقد وضع قواعد الطريقة التاريخية ويرى أن الأغلاط التي وقع فيها الذين سبقوه ترجع إلى أسباب أهمها: تشيع المؤلفين وتصديقهم لكل ما يرى دون الفحص وجهلهم بطبائع العمران وأحوال الناس، وهو لا يقف عند هذا بل نراه يضع القوانين لدراسة التاريخ كربط الحوادث بعضها ببعض ارتباط العلة بالمعلول، وقياس الماضي بمقياس الحاضر، ثم مراعاة البيئة واختلاف تأثيرها باختلاف الأقاليم، والحالة الاقتصادية والوراثية وما شاكل ذلك.

والمقدمة تحتوي على ملاحظات نفسية وسياسية دقيقة يرى دي بور أنها في جملتها عمل عظيم مبتكر، وهو أي دي بور يرى أن المؤرخين القدماء لم يورثونا التاريخ علماً من العلوم يقوم على أساس فلسفي على الرغم من جمال أسلوب بعضهم، وان القدماء كانوا يعللون عدم بلوغ الإنسانية منذ زمان بعيد درجة أعلى مما بلغته في المدينة بالاستناد إلى حوادث أولية كالزلازل والطوفان، والى أن المسيحية كانت تعتبر التاريخ بوقائعه تمهيداً لمملكة الله على الأرض ، أما ابن خلدون يقول دي بور فكان أول من حاول أن يربط بين تطور الاجتماع الإنساني من جهة، وبين علله القريبة مع حسن الإدراك لمسائل البحث وتقويها مؤيدة بالأدلة المقنعة، فقد نظر في أحوال الجنس والهواء ووجوه الكسب وعرضها مع بيان تأثيرها في التكوين الجسمي والعقلي في الإنسان وفي المجتمع.

ويرى ابن خلدون أن حوادث التاريخ مقيدة بقوانين طبيعية ثابتة، وان ظاهر التاريخ هو أخبار عن الدول، أما باطنه فهو نظر وتحقيق وتعليل للكائنات ومبادئها ، وكذلك هو علم بكيفيات الوقائع وأسبابها.

وهناك من علماء الغرب من يعتبر اوغست كنت مؤسساً لعلم الاجتماع وانه أول من نظر إلى المجتمع ككل، إذ اتخذه موضوعاً لعلم مستقل قائم بنفسه، ويرى الأستاذ

الحصري أن حق ابن خلدون بلقب مؤسس علم الاجتماع أقوى من حق كنت، ذلك لأنه كان قد فعل ذلك قبل كنت بمدة تزيد على 460 عاماً.

لم تكن المقدمة تلمساً لعلم الاجتماع ، بل كانت محاولة ناجحة لاستحداث علم الاجتماع، لقد قال ابن خلدون بوجوب اتخاذ ( الاجتماع الإنساني) موضوعاً لعلم مستقل، واعتقد تماماً بأن الأحوال الاجتماعية تتأتى من علل وأسباب، وقد أدرك أن هذه العلل والأسباب تعود في الدرجة الأولى إلى طبيعة العمران، أو طبيعة الاجتماع، وقد درسها دراسة مستفيضة وخرج منها بكشف بعض القوانين المتعلقة بها مما ينم عن تفكير عبقري يستحق كل تقدير وإعجاب.

وتأتي إلى العقل عند ابن خلدون فنجد ان مقدمته تدل اولاً على انه كان مؤمناً بالله، راسخ الإيمان بالإسلام، لكنه مع ذلك لم يذهب إليه الكثيرون من رجال الدين من تحكيم الشريعة في كل شيء وإرجاع كل الأمور إلى أحكام الدين. فهو يرى أن الشريعة لا تشتغل كل شيء ولا تستهدف جميع شؤون الحياة، فإن مساحة عملها محدودة بحدود هي ما تقتضيه الشؤون الأخروية، أما الأمور التي هي خارجة عن نطاق تلك الحدود فمتروكة للفكر والعقل وحكمه.

ويرى العقل انه من نعم الله، ميز به الإنسان على المخلوقات، وان الإنسان يستطيع أن يستنبط سنة الله في خلقه بقوة هذا العقل، كما انه يستطيع أن يستفيد من تلك السنن الثابتة في ( جلب المنافع ودفع المضار) في حياته الشخصية وفي تقرير ساسة عقلية.

ولهذا يمكن القول أن ابن خلدون من الذين يعتمدون على العقل ويثقون به ولكن إلى حد، فهو لا يسترسل في الاعتماد على العقل استرسالا كلياً، بل انه يرى أن نطاق مدركات العقل محدود بحدود طبيعية لا سبيل إلى اجتيازها بالمحاكمات النظرية وحدها إذ العقل البشري عاجز عن إدراك ما يقع وراء المحسوسات من أمور التوحيد ومسائل المعاد وحقائق صفات الله وسائر الأمور الروحانية. وفي المقدمة تشبيهات مادية يمكن الخروج منها بأن عقلية ابن خلدون تمتاز بصفات أبرزها، شدة التشوف، ودقة الملاحظة، ونزعة البحث، والتعميم، والقدرة على الاستقراء.

# الخوارزمي

## 164 – 235 هـ

## 781- 845 م

ولد **محمد بن موسى الخوارزمي** في خوارزم، وأقام في بغداد أيام الخليفة المأمون الذي ولاه منصب بيت الحكمة في بغداد، نبغ الخوارزمي في علم الفلك والرياضيات، ووضع أبحاثاً عديدة في هذين الميدانين، بل يعد من أئمة علماء المسلمين في هذا المضمار، وهو إلى جانب ذلك مؤرخ وجغرافي.

والخوارزمي أول من ألف في الجبر، بل أول من استعمل كلمة ( جبر ) للعلم المعروف بهذا الاسم، ولكتاب ( **الجبر والمقابلة**) قيمة علمية تاريخية، اعتمد عليه علماء العرب في دراستهم للجبر، ومنه عرف علماء الغرب هذا العلم وبقي عدة قرون المصدر الأساسي الذي اعتمد عليه العلماء في أبحاثهم الرياضية، فالجبر علم عربي خالص، وكان الدافع لتأليف هذا الكتاب عدة أمور:

1-  أن الخليفة المأمون طلب من الخوارزمي تأليف هذا الكتاب وشجعه على ذلك لإيضاح ما كان مستبهماً، وتسهيل ما كان مستوعراً.

2-  إفادة الناس في الحياة وتسهيل معاملاتهم التجارية كالبيع والشراء، وتقسيم المواريث وحساب المساحات والهندسة... الخ.

3-  قصد من وراء ذلك أيضاً الأجر والثواب وان ينتفع به الناس من بعده.

والخوارزمي أول من وضع كتاباً في الحساب، وتميز كتابه من حيث الترتيب وتبويب المادة العلمية، وبقي زمناً طويلاً مرجعاً للعلماء وترجم إلى اللاتينية.

أما كتابه الأهم **الجبر والمقابلة** والذي أشرنا إليه سابقاً فقد ترجم إلى عدة لغات منها: اللاتينية، الإنجليزية، الألمانية والإيطالية.

لمع في علم الرياضيات والفلك حتى عينه المأمون رئيساً لبيت الحكمة، طور الخوارزمي علم الجبر كعلم مستقل عن الحساب، لذا ينسب إليه هذا العلم في جميع أنحاء المعمورة، والجدير بالذكر أن الجزيرة العربية كانت مركز النشاط العلمي بين القرنين الثاني والسابع الهجري ( الثامن إلى الثالث عشر الميلادي) ، ولقد كان لبلاط الخليفة المأمون في بغداد تأثير كبير في ألوان النشاطات العلمية، في العالم إذ ابتكر الخوارزمي في بيت الحكمة الفكر الرياضي، بإيجاد نظام لتحليل كل معادلات الدرجة الأولى والثانية ذات المجهول الواحد بطرق جبرية وهندسية، ولذا ميز الأستاذ جورج سارتون النصف الأول من القرن التاسع بعصر الخوارزمي في كتابه ( **مقدمة من تاريخ العلوم**) ، لان الخوارزمي كان أعظم رياضي في ذلك العصر، كما يقول سارتون، ويستطرد سارتون : ( وإذا أخذنا جميع الحالات بعين الاعتبار فإن الخوارزمي تتميز بالأصالة والأهمية العظمى، فيما تظهر عبقريته، وقال الدكتور ديفيد يوجين سمث ولويس شالرز كاربينسكي في كتابهما ( **الأعداد الهندية والعربية**) : ( بأن الخوارزمي هو الأستاذ الكبير في عصر بغداد الذهبي، انه احد الكتاب المسلمين الأوائل الذين جمعوا الرياضيات الكلاسيكية من الشرق والغرب، محتفظين بها حتى استفادت منها أوروبا المتيقظة آنذاك، أن لهذا الرجل معرفة كبيرة، ويدين له العالم بمعرفتنا الحالية لعلمي الجبر والحساب.

في بداية الأمر ابتكر الخوارزمي علم حساب ( **اللوغريتمات**)، وعمل لها جداول تعرف باسمه محولا عند الغربيين إلى ( **اللوغريتمات**).

ان الرياضيات التي ورثها المسلمون عن اليونان تجعل حساب التقسيم الشرعي للممتلكات بين الأبناء معقدة للغاية، أن لم تكن مستحيلا ، وهذا قاد الخوارزمي للبحث عن طرق أدق واشمل وأكثر قابلية للتكيف، فابتداع علم الجبر، وقد وجد الخوارزمي متسعاً من الوقت لكتابة علم الجبر جعله مشهوراً حينما كان منهمكاً في الأعمال الفلكية في بغداد) ويختص كتابه ( **الجبر والمقابلة**) بإيجاد حلول لمسائل عملية واجهها المسلمون في حياتهم اليومية.

**مؤلفاته:**

اهتم الخوارزمي في بداية الأمر بالاكتشافات في علم الرياضيات والفلك، ثم بعدها بدأ بالتأليف، فصنف كتباً كثيرة، ويجدر بنا أن نورد لائحة منها:

على سبيل المثال لا الحصر:

1- **كتاب في الحساب** بسط فيه معارفه بصورة مبسطة جداً واستخدم فيد الأرقام العربية والنظام العشري، فساعد بذلك على تعرف الناس بها، وقد ترجم ادريلاد باحث هذا الكتاب إلى اللغة اللاتينية، وبقي حقبة من الزمن مرجع العلماء، والجدير بالذكر أن فن الحساب بقي حتى الآن يدعى في البلاد الأوروبية الغوريثمي ، وهو اسم الخوارزمي المحرف عند نقله إلى اللغات الأوروبية المختلفة.

2- **كتاب في الجغرافيا** شرح فيه آراء بطليموس.

3- كتاب جمع فيه بين الحساب والهندسة والموسيقى والفلك، ويقـول البروفيـسور جورج سارتون في كتابه المـدخل إلى تاريخ العلـوم أن هـذا الكتـاب ( يـشتمل عـلى خلاصة دراساته لا على ابتكاراته العظيمة).

4- كتاب جداول النجوم وحركتها من مجلدين.

5- كتاب شرح فيه طريقة معرفة الوقت بوساطة الشمس.

6- كتاب العمل بالاصطرلاب.

7- كتاب وضح فيه طريقة الجمع والطرح.

8- كتاب الجبر والمقابلة ، وكان مصدراً أساسياً اعتمـد عليـه العلمـاء في مـشارق الأرض ومغاربها في المجالات الرياضية، معظم ما ألفه من خلفه في علم الجبر كـان مـستنداً عليه، وقد نقله مـن اللغـة العربيـة إلى اللاتينيـة روبـرت أف شـستر ( Robert of Chester ) فاستنار به علماء أوروبا.

9- كتاب صورة الأرض وجغرافيتها.

10- كتاب تاريخ.

11- كتاب صورة الأرض في المدن، والجبال، والجزر، والأنهار.

12- كتاب المعرفة – يبحث في علم النجوم.

13- نقل وعلق على المجسطي لبطليموس إلى اللغة العربية.

14- كتاب الوصايا.

15- كتاب زيج الخوارزمي الأول.

16- كتاب زيج الخوارزمي الثاني، وهو جداول فلكيـة سماه ( السند هند)، جمـع فيـه مذهب الهند والفرس.

17- رسالة عن النسبة التقريبية وقيمتها الرياضية.

18- رسالة وضح فيها معنى الوحدة المستعملة في المساحات والحجوم.

19- رسالة ذكـر فيها برهاناً آخر لنظرية فيثـاغورث مستخدماً مثلثا قائم الزاوية ومتساوي الساقين.

20- رسالة مفصلة وضح فيها قوانين لجمع المقادير الجبرية وطرحها وضربها وقسمها.

21- رسالة شرح فيها طريقة إجراء العمليات الحسابية الأربع على الكميات الصم.

22- كتاب الرخامة ( الرخامة قطعة من الرخام مخططة تساعد على معرفة الوقت عـن طريق الشمس.

23- كتاب رسم الربع المعمور.

24- كتاب الجمع والتفريق.

25- كتاب هيئة الأرض.

26- كتاب المعاملات، ويتضمن المعاملات التي تقوم بها الناس من بيع وشراء.

وفي نهاية حديثنا عن الخوارزمي نقول:

لم يكتشف الخوارزمي علم الجبر ونظرية الخطأين فحسب ( وهـما أداة أساسية في التحليل العلمي الرياضي)، وإنما وضـع كـذلك أسـس البحـث التجريبي الحديث باستخدام النماذج الرياضية.

ولقد لعبت أعمال الخوارزمي في علم الرياضيات في الماضي والحاضر دوراً مهماً في تقـدم الرياضيات ، لأنها أحد المصادر الرئيسية التي انتقل خلالها

الجبر والأعداد العربية إلى أوروبا، ويجدر بنا أن نفخر نحن المسلمين بأن علم الجبر من أعظم
ما اخترعه العقل البشري من علوم، لما فيه من دقة وأحكام قياسية عامة.

# الرازي

**251 - 311 هـ**

**866 - 924 م**

**هو أبو بكر محمد بن زكريا الرازي**، ولد في الري في ايران، درس الموسيقى ثم تحول الى دراسة العلوم، وبرع في معارف متعددة منها : الطب والكيمياء والفيزياء، وكان موسوعة في جميع المعارف.

**ألف:**

56 كتاباً في الطب.

33 كتاباً في الطبيعيات.

17 كتاباً في الفلسفة.

14 كتاباً في علم الكلام.

10 كتب في الرياضيات.

8 كتب في المنطق.

6 كتب في ما وراء الطبيعة.

17 كتاباً في مواضيع متفرقة.

كان الرازي إمام عصره في علم الطب، وكانت تشد إليه الرحال لأخذ هذا العلم عنه ، لما كان يوصف به من إتقان لهذا العلم ولمعرفته بهذه الصنعة وقوانينها وأوضاعها المختلفة، كان يوصف أيضاً بالذكاء والفطنة والاجتهاد في معالجة المرض.

**حياته ونشأته:**

لقد سجل مؤرخو الطب والعلوم في العصور الوسطى آراء مختلفة ومتضاربة عن حياة أبي بكر محمد بن زكريا الرازي، ذلك الطبيب الذي تمتاز مؤلفاته وكلها باللغة العربية، بأصالة البحث وسلامة التفكير،

وكان من رأي الرازي أن يتعلم الطلاب صناعة الطب في المدن الكبيرة المزدحمة بالسكان، حيث يكثر المرضى ويزاول المهرة من الأطباء مهنتهم، ولذلك أمضى ريعان شبابه في مدينة السلام، فدرس الطب في بيمارستان بغداد.

وبعد إتمام دراساته الطبية في بغداد، عاد الرازي الى مدينة الري بدعوة من حاكمها، منصور بن اسحق، ليتولى إدارة بيمارستان الري، وقد ألف الرازي لهذا الحاكم كتابه " **المنصوري في الطب**" ثم " **الطب الروحاني**" وكلاهما متمم للآخر، فيختص الأول بأمراض الجسم، والثاني بأمراض النفس.

واشتهر الرازي في مدينة الري، ثم انتقل منها ثانيه الى بغداد ليتولى رئاسة البيمارستان المعتضدي الجديد، الذي أنشأه الخليفة المعتضد بالله ( 279 – 289هـ/ 892 – 902م ).

وتنقل الرازي عدة مرات بين الري وبغداد – تارة لاسباب سياسية– وأخرى ليشغل مناصب مرموقة لكل من هذين البلدين،ولكنهأمضى الشطر الأخير من حياته بمدينة الري وكان قد أصابه الماء الأزرق في عينيه، ثم فقد بصره وتوفى في مسقط رأسه.

كان الرازي مؤمنا باستمرار التقدم في البحوث الطبية، ولا يتم ذلك، على حد قوله، إلا بدراسة كتب الأوائل، فيذكر في كتابه " **المنصوري في الطب**"

ما هذا نصه: هذه صناعة لا تمكن الإنسان الواحد إذا لم يحتذ فيها على مثال من تقدمه أن يلحق فيها كثير شيء ولو أفنى جميع عمره فيها لان مقدارها أطول من مقدار عمر الإنسان بكثير، وليست هذه الصناعة فقط بل جل الصناعات كذلك، وانما أدرك من أدرك من هذه الصناعة الى هذه الغاية في ألوف من السنين ألوف من الرجال ، فإذا اقتدى المقتدي أثرهم صار ادركهم كلهم له في زمان قصير، وصار كمن عمر تلك السنين وعني بتلك العنايات، وإن هو لم ينظر في أدراكهم، فكم عساه يمكنه أن يشاهد في عمره، وكم مقدار ما تبلغ تجربته واستخراجه ولو كان أذكى الناس و أشدهم عناية بهذا الباب، على أن من لم ينظر في الكتب ولم يفهم صورة العلل في نفسه قبل مشاهدتها، فهو وان شاهدها مرات كثيرة، أغفلها ومر بها صفحا ولم يعرفها أحد" ، ويقول في كتابه " **في محنة الطبيب وتعيينه**"، نقلا عن جالينوس " وليس يمنع من عني في أي زمان كان أن يصير افضل من أبو قراط".

- <u>**كتب الرازي الطبية**</u>

1- **الحاوي في الطب.**

يبدو أن كتاب " الحاوي في الطب" يحتوي على مذكرات شخصية للرازي يعبر فيها عن آراءه الخاصة، وقصص مرضاه، كما دون فيها مقتطفات من كتب الطب التي قرأها، من مؤلفات أبو قراط إلى كتب معاصريه من الأطباء.

وبذلك فقد حفظ لنا الرازي من الضياع مادة بعض الكتب التي فقدت أصولها اليونانية منذ قرون عديدة .

ويبدو أن مذكرات " **الحاوي في طب**" ليست إلا مكتبة الرازي الخاصة جمع مادتها - في القرن الرابع الهجري / العاشر الميلادي- من مصادر متعددة مجليا معها خبراته الكثيرة المتواصلة .

ويوحي ترتيب المادة العلمية في هذه المذكرات بأن الرازي كان يدون ملاحظاته في كراسات يضعها في حافظات، وكانت كل حافظة من حافظات الأوراق مخصصة لموضوع من الموضوعات الطبية، وترتيبها جميعا على نظام خاص، من القرن الى القدم وكان الرازي يدون كل ما يقرأ حتى تلك الآراء التي حكم ببطلانها، فكان يسجل هذه مشفوعة بنقد يكتبه بوضوح تام لا لبس فيه، بعد كلمته المأثورة : " **لى**".

وكثيرا ما نقح الرازي المادة التي نقلها من المواجع، مسجلا تلك العبارات المنقحة عقب قوله "**لى مصلح**".

وبذلك فقد ضرب لنا المثل الأعلى في الأمانة العلمية ذاكرا ماله وما لغيره من الأطباء والفلاسفة، واستعان الرازي بمذكراته الخاصة في تأليف كتبه الطبية التي تمتاز بجمال الأسلوب و أصالة المادة، مثل كتاب " القولنج"، وكتاب " **المنصوري في الطب**"، و كتاب " **الجدري والحصبة**"، وكتاب " **الأدوية المفردة**"، وقد وجدت أصولها جميعا في مذكرات " **الحاوي في الطب**".

ونظن أن بعض الأطباء جمعوا مذكرات الرازي الخاصة معا بعد وفاته و أطلقوا عليها اسم " **الحاوي في الطب**"، وذلك لما تحتوي عليه من دراسات وافية في كتب الأوائل، كما اهتدى علماء الغرب بنور العلم العربي، فتمت ترجمة هذه الموسوعة الطبية الى اللاتينية سنة 1279 م

ومما يدل على أن " **الحاوي في الطب**" لم يكن إلا مجموعة من المذكرات الخاصة، أن القارئ يجد ملاحظات عن أمـراض ووعكـات أصابت الـرازي نفسه ، كـما دون الـرازي فيهـا بيانات مفصلة عن حالات مرضاه.

ومن المعروف عن الرازي أنه كان يؤمن بسرية المهنة، كما ذكر ذلك في كتابه " **في محنـة الطبيب وتعيينه**" فليس من المعقول إذن أن يبث هذه الأسرار في كتاب يعده للنشر ويضمنه أسماء مرضاه من ذكور وإناث، وفيه وصف دقيق لما يشكوه كل مريض، مـع بيانـات اجتماع مميزة كالمهنة ومكان السكن وسن المريض.

2- **الجامع الكبير.**

يتضح جليا لكل من يقرأ نصوص كتب الـرازي ومقالاته بإمعـان انه لم يـذكر كلمـة " **الحاوي**" في أي منها، وان كان الرازي قد ألف كتابا أطلـق عليـه اسـم " **الحاوي**" فهـذا - ولا شك- آخر مؤلفاته .

يذكر كل من ابن النديم وابن أبي أصيبعة عنوان كتاب " **الجامع الكبير**" ضمن مؤلفـات الرازي، ويضيف كل منهما أن هذه الموسوعة العلمية تتكون من اثني عشر جزءا، إلا انهمـا لا يتفقان في بيانهما لعناوين هذه الأجزاء، ثم يخطئان في تعريفهما " **الجامع الكبير**" بأنه كتاب " الحاوي".

واما الرازي فإنه يذكر عنوان كتابه " **الجامع الكبير**" عـدة مـرات ، بـل يحـدد السـنين الطويلة التي قضاها في تأليف هذه الموسوعة الضخمة .

يذكر الرازي مؤلفه " **الجامع الكبير**" في كتابه " **المرشد أو الفصول**" ثم في كتابه " **الاقراباذين المختصر**" الذي عثر عليه في مخطوط واحد بمعهد ولكم لتاريخ الطب، وكذلك يذكر الرازي اسم " الجامع الكبير" ست مرات في كتابه

" **الشكوك على جالينوس**" مؤكدا أن مادة كتابه " **الجامع الكبير**" احسن و أوضح و أوفى مما كتبه جالينوس نفسه .

وعلى ذلك، فيتضح جليا مما سبق من الأدلة، وكلها من كتب الرازي، انه ألف موسوعة طبية أطلق عليها اسم " **الجامع الكبير**" في أثناء عشر جزءا على الأقل.

وكان يعد العدة لكتابين آخرين من أجزاء " **الجامع الكبير**" ، احدهما " **الجامع في العين**" والثاني " **الجامع في الحميات**" ، إلا انه توفي قبل أن يحقق تلك الأمنية. قد وجدت في مخطوطات " الحاوي في الطب" مسودات لجزأين كاملين من أجزاء " الجامع الكبير" وهما : كتاب " صيدلية الطب" وكتاب " في استنباط الأسماء والأوزان والمكاييل المجهولة الواقعة في كتب الطب" كما وجدت مسودات كتاب " الجامع في الحميات" الذي كان ينوي الرازي نشره كجزء من أجزاء " الجامع الكبير" ،ووجدت في مخطوطات " الحاوي في الطب" أيضا مسودات كتب أخرى غير هذه، لم ينشرها الرازي إطلاقا، وهي كتبه " في البول" و " في البحران وأيامه" ، و " في تدبير الناقة".

3- **كتاب في الفصد والحجامة:**

يقول الرازي في كتابه " **في الفصد والحجامة**" :

" وخبرني بعض من كنت أتعلم عنده الفصد انه عسر عليه إخراج عرق امرأة، فنهرها وزجرها ولكمها فبرزت عروقها ففصدها للوقت، واعتذر إليها واخبرها بحيلته ".

واذا أمعنا النظر في قول الرازي: " واخبرني من كنت اقرأ عليه المأمون افتصد " ثم قوله" وخبرني بعض من كنت أتعلم عنه الفصد" استدللنا على أن

الرازي درس الطب على أستاذ طبيب، ولكنه تعلم الفصد عند فصاد من غير الأطباء، ممن كانوا يمارسون " **أعمال الطب الجزئية**".

4- **كتاب " الشكوك على جالينوس "**

هذا كتاب غرير المادة، ولم يطبع حتى الآن، وينقد الرازي في هذا الكتاب ثمانية وعشرين كتابا من كتب جاليونس، أولها كتاب " **البرهان**"، وآخرها كتاب " **النبض الكبير**" وان مقتطفات الرازي من كتاب " **البراهان**" لجديرة بالدراسة المتعمقة، فقد كان الجزء الأكبر من هذا الكتاب الفلسفي مفقودا في زمان حنين بن إسحاق ( 192 - 260 هـ 808 - 873 م) الذي ترجم ما عثر عليه من النصوص اليونانية لبعض مقالات هذا الكتاب، ويقول حنين ابن إسحاق انه سافر الى مدينة الاسكندرية، باحثا عن المخطوطات النادرة الموجود لهذا الكتاب القيم .

أن نقد الرازي لكتب جالينوس لدليل قوي على اتجاه جديد محمود بين أطباء العالم العربي، فكم من أجيال توارثت النظريات والآراء العلمية الخاطئة دون أن يجرؤ أحد على نقدها أو تعديلها، خشية الخروج على العرف السائد ، يقول الرازي في مقدمة كتاب " **الشكوك على جالينوس**" : " أني لا اعلم أن كثيرا من الناس يستجهلوني في تأليف هذا الكتاب، وكثيرا منهم يلومونني ويعنفونني أو كان يجزي الى تحليتي تحلية من يقصد باستغنام واستلذاذ منه كذلك ، الى مناقضة رجل جالينوس، في جلالته ومعرفته وتقدمه في جميع أجزاء الفلسفة، ومكانه منها؟ واجد أنا لذلك يعلم الله مضضا في نفسي، إذ كنت قد بليت بمقابلة من هو اعظم الخلق على منه، واكثر لي منفعة، وبه اهتديت، و أثره اقتفيت، ومن بحره استقيت".

وهذه مقدمة شيقة لما نسميه الآن بنقد الكتب وتقريظها، وتعبر عن الحقيقة إلى حد بعيد، فإن لجالينوس الفضل الأول في بناء صرح الطب، فقد أسهم بنصيب وافر في عامة فروع الطب، وخاصة في علمي التشريح ووظائف الأعضاء، بالإضافة الى ما حفظ لنا في نصوص كتبه من مقتطفات من تراث الأوائل الذي قد فقد اغلبه.

5-  **كتاب في الحصبة والجدري.**

وهذا الكتاب من روائع الطب الإسلامي، عرض فيه للمرة الأولى تفاصيل هذه الأمراض وأعراضها والتفرقة بينهما، وقد ادخل فيه ملاحظات وآراء لم يسبقه أحد إليها.

6-  **كتاب سر الصناعة أو الأسرار.**

برع أيضاً في الكيمياء واعتمد على التجربة والملاحظة والاستقراء كأركان أساسية لا يمكن الاستغناء عنها ويتضح ذلك من كتابه ( الأسرار) الذي يقسمه الى ثلاثة أقسام:

-   **القسم الأول** في معرفة العقاقير والذي قسم فيه جميع المواد الى ثلاثة أصناف : مواد نباتية، مواد حيوانية، مواد ترابية، وقام بتقسيم كل نوع الى أنواع عدة، وبين كيفية معرفة ألوان المواد وجيدها ورديئها وكيفية تحضيرها.

-   **القسم الثاني** في معرفة الآلات وصنفها الى صنفين:

أ.  آلات لاذابة الأجساد وهي المعادن.

ب.  آلات لتدبير العقاقير.

- **القسم الثالث** وبين فيه كيفية إجراء التجارب، أوضح فيه خطوات إجـراء التجـارب بصورة واضحة ودقيقة لسير التفاعلات الكيميائية حتى الوصول للنتائج المطلوبة.

7- **كتاب من لا يحضره الطبيب.**

ويعرف بطب الفقراء، شرح فيه كيفية معالجة المرض في غياب الطبيب .

وله بحوث كثيرة في أمراض النساء والولادة والأمراض التناسلية والعيون ... وغيرها.

وكما هو معروف للعلماء فقد بقيت كتب الـرازي الطبيـة وبخاصـة الحـاوي، مراجع أساسية للطب في أوروبا حتى القرن السابع عشر الميلادي، وكان ( **كتاب الجـدري والحـصبة**) مرجعا أساسياً في كثير من الجامعات حتى عام 1617ميلادي، ومما يـدل علـى أهميـة الـرازي وكتبه في مجال الطب أن الكلية الطبيـة في بـاريس احتاجـت إلى بعـض المـال لترمـيم بعـض أبنيتها، فلم تجد من يقرضها المال اللازم إلا بعـد أن اسـتودعت كتـاب " **الحـاوي** " للـرازي في مقابل ذلك.

<u>**من أهم أعماله وإنجازاته الأخرى:**</u>

- اختراع الفتيلة في الجراحة.

- أول من ميز العصب الحنجري.

- اخترع المكثاف لقياس الأوزان النوعية للسوائل.

- شرح عملية رؤية العين للأشياء في كتابه ( كيفية الأبصار) ونقض فيه آراء اقليدس.

- اكتشف التقطير، التبلور، الترشيح.

- ادخل الملينات والمركبات الكيميائية على الطب.
- استخدم نتائج الأبحاث الكيميائية في الطب.
- استحضر الكحول بتقطير المواد السكرية المخمرة.
- معرفته لعامل الوزن في انتقال الأمراض.
- اهتمامه بالترشيح.
- إدراكه لتأثير الحالة النفسية للمريض على حالته الجسدية، وفي ذلك ينصح الطبيب أن يوهم مريضه بالصحة ويرجيه بها وان لم يثق بذلك، فمزاج الجسم تابع لأخلاق النفس.
- اهتمامه بالإسعافات الأولية.

تصف المستشرقة الألمانية زيغريد هونكه هذا العالم، فتقول : ( لقد امتاز الرازي بمعارف طبية واسعة لم يعرفها أحد قط، منذ أيام جالينوس، وكان في سعي دائم وراء المعرفة عاباً منها كل ما يمكن عبه، باحثاً عنها في صفحات الكتب وعلى أسرة المرضى وفي التجارب الكيميائية ).

# ابن رشـــــد

**520 -595هـ**

**1126 - 1198 م**

**هو أبو الوليد محمد بـن احمـد بـن رشـيد الأندلـسي**، ولـد عـام 520 هجـري، 1126 ميلادي، في قرطبة من أسرة عربية مشهورة بالأندلس، عرفت أسرته بالعلم والجاه، كان والـده وجده من قضاة قرطبة.

اجتهد في تحصيل الثقافة العربية والإسلامية، فـدرس القفـه والفلـسفة والطـب، وبـرع فيهما حتى وصلت شهرته بلاط الموحدين في مراكش، فاستدعاه أميرها **أبو يعقوب يوسف بن عبد المؤمن** ليستعين بعلمه، وأصبح طبيبه الخاص وكان الأمير محباً للفلسفة، فلخص لـه ابـن رشد كتب **أرسطو**.

إن **ابن رشد** يعد في حقيقة الأمر ظاهرة علمية مسلمة متعددة التخصصات، فهـو فقه مالكي، وهو قاضي القضاة في زمانه، وهو ذات طبيب نطاسي تفوق على أساتذة **ابن زهـر** قال عنه: ( **ابن ارشد أعظم طبيب بعد جالينوس**)، وهو عينه فيلـسوف عقـلاني، وهـو أيـضا مترجم لأعمال أرسـطو المرجعيـة والغـرب فـيما بعـد، وهـو أيـضا فلـكي ذي أعـمال جليلـة في المضمار، وهو نفسه المتكلم الذي تصدى لنقد المتكلمين باسم توافق المعقول والمنقـول وعـلى رأسهم الإمام الغزالي.

عرفت عائلة ابن رشد بالمذهب المالكي، وجده **أبو الوليد محمد** كان كبير قـضاة قرطبـة تحت حكم المرابطين، وشغل والده ذات المنصب حتى مجيء الموحدين.

يعد ابن رشد من أهم الفلاسفة الإسلام، دافع عن الفلسفة وصحح علماء وفلاسفة سابقين له **كابن سينا والفارابي** في فهم بعض نظريات **أفلاطون وأرسطو** ، درس الكلام والفقـه والـشعر والطب والرياضيات والفلك والفلسفة، قدمـه **ابن طفيل لأبي يعقوب** خليفـة الموحدين عام 1182 م فعينه طبيبا له ثم قاضيا في قرطبة.

تولى **ابن رشد** منصب القضاة في اشبيلية، واقبل على تفسير آثار **أرسطو**، تلبيـة لرغبـة الخليفة الموحدي **أبي يعقوب يوسـف**، وكان قـد دخـل فـي خدمتـه بواسطة الفيلـسوف ابـن طفيل، ثم عاد إلى قرطبة حيث تولى منصب قاضي القضاة، وبعد ذلك بنحو عـشر سـنوات ألحق بالبلاط المراكشي كطبيب الخليفة الخاص.

لكن الحكمة والسياسة وعزوف الخليفة الجديد ( **أبو يوسف يعقوب المنصور** 1184 – 1198 ) عن الفلاسفة، ناهيك عن دسائس الأعداء والحاقدين، جعل المنصور ينكب ابن رشد ، قاضي القضاة وطبيبه الخاص، ويتهمه مع ثلة من مبغضيه بالكفر والـضلال ثـم يبعـده إلى " أليسانه" ( بلدة صغيرة بجانب قرطبة اغلبها من اليهود)، ولا يتورع عن حرق جميع مؤلفاته الفلسفية، وحظر الاشتغال بالفلسفة والعلوم جملة، ما عدا الطب ، والفلك، والحساب.

**أثره على أوروبا:**

كان لـه اثـر عظيم في توجيه الثقافة الأوروبية منذ القرن الثالث عـشر المـيلادي في مجـال العلم والفلسفة والدين، فكانت طلائع النهضة الأوروبية الحديثة ينسبون أنفسهم إليه، بأنهم رشيديون لاتينيون، ولا يزال واضحا في

فلسفة العصور الوسطى الأوروبية ، وبخاصة عند **توماس الاكربي** الذي نسب لنفسه آراء **ابن رشد** الفلسفية في محاولة التوفيق بين الدين والعقل ، انتقلت على يديـه فلـسفة **أرسطو** إلى أوروبا، كما انتقلت علوم العرب في القرن الثالث عشر الميلادي، فكانت سببا في ظهور النهـضة الأوروبية الحديثة.

وضع ابن رشد أكثر من خمسين كتاباً في مجالات مختلفة:

- من شروحات وتلاخيصه لأرسطو:

● تلخيص وشرح كتاب ما بعد الطبيعة ( **الميتافيزياء**).

● تلخيص وشرح كتاب البرهان أو الأورغنون.

● تلخيص كتاب المقولات ( **قاطيفورياس**).

● تلخيص كتاب الأخلاق.

● تلخيص كتاب السماع الطبيعي.

● شرح كتاب النفس.

● شرح كتابا القياس.

**وله كمقالات كثيرة ومنها:**

● مقالة في العقل.

● مقالة في القياس.

● مقالة في اتصال العقل المفارق بالإنسان.

● مقالة في حركة الفلك.

● مقالة في القياس الشرطي.

**وله كتب أشهرها:**

- كتاب **"منهاج الأدلة"**، وهو من المصنفات الفقهية والكلامية في الأصول.

- كتاب **"فصل المقال فيما بين الحكمة والشريعة من الاتصال"**، وهو من المصنفات الفقهية والكلامية.

- كتاب **"تهافت التهافت"** الذي رد به على الغزالي في كتابه تهافت الفلاسفة.

- كتاب **"الكليات في الطب"**، الذي اشتهر في أوروبا في العصور الوسطى، وقد اشتمل هذا الكتاب جميع أصناف الأمراض وعن المرض وتشخيصه وعن الأدوية وعن التشريح ووظائف أعضاء الجسم.

- كتاب **" التحصيل"** في اختلاف مذاهب العلماء.

- كتاب **" الحيوان"**.

- كتاب " فصل المقال في ما بين الحكمة والشريعة من الاتصال ".

- كتاب **" المسائل"** في الحكمة.

- كتاب **" بداية المجتهد ونهاية المقتصد"** في الفقه.

- كتاب " جوامع كتب أرسطو طاليس" في الطبيعيات والإلهيات.

- كتاب " شرح أرجوزة ابن سينا" في الطب.

# بنو زهر

## زهر بن عبد الملك

**هو أبو العلاء، زهر بن عبد الملك بن محمد بن مروان بن زهر،** ( توفي سنة 1131 م) ، والد عبد الملك، وعميد عائلة ابن زهر، والى أصالة نسبه العربي الأيادي، هو فيلسوف طبيب من أهل اشبيلية، قال عنه صاحب التكملة:

إن زهراً أنسى الناس من قبله إحاطة بالطب وحذقاً لمعانيه" وحل من سلطان الأندلس محلا لم يكن في وقته، فكانت إليه رئاسة بلده ومشاركة ولأنها في التدبير ... وصنف كتباً منها " **الطرر**" في الطب و " **الخواص**" و " **الأدوية المفردة** " لم لكمله، و " **حل شكوك الرازي على كتب جالينوس**" ورسائل ومجريات.

## محمد بن زهر

### 705 – 595 هـ

### 1113 – 1199 م

**هو أبو بكر محمد بن زهر بن عبد الملك بن محمد بن مروان بن زهر،** ولد في اشبيلية، وهو من نوابغ الطب والأدب الحسيب الأصيل. " ولم يكن في زمانه أعلم منه بصناعة الطب، أخذها عن أبيه، وعُرف بالحفيد ابن زهر ، له " **الترياق الخمسيني**" في الطب والترياق يشتمل على عناصر متعددة تركب تركيباً صناعياً لتقوية الجسم وحفظ الصحة والتخلص من السموم الحيوانية والنباتية والمعدنية " **ورسالة في طب العيون**".

# عبد الملك بن زهر

**464 - 557 هـ**

**1072 - 1162 م**

**هو أبو مروان عبد الملك بن زهر بن عبد الملك بن محمد بن مروان بن عبد الملك بن زهر**، المعروف بابن زهر الإشبيلي، طبيب نطاسي عربي معروف في الأندلس من أهل اشبيلية، من أسرة عريقة في العلم، اشتغل ابناها بالطب والفقه وتولوا الوزارة، وهو أستاذ الفيلسوف ابن رشد.

كان لأعماله اثر كبير في تطور الطب في أوروبا فيما بعد، من مؤلفاته المترجمة إلى اللاتينية، التيسير في المداواة، وقد وصف التهاب الغلاف الغشائي المحيط بالقلب، وطرائق استخراج حصى الكلية.

عاصر عبد الملك ابن زهر والمرابطين والموحدين في الأندلس ، وعايشهم مبقياً مسافة كافية بينه وبين سياسات كلتا الطائفتين، فقد كان رفيع المكانة عند المرابطين هو وأبوه أبو العلاء حتى انه ألف كتاب " **الاقتصاد في إصلاح الأنفس والأجساد**" ويسمى أيضا " **الزينة**".

لم يكف عبد الملك أبا مروان ما انتهى إليه من معرفة علمية بالطب، عن طريق والده أبي العلاء، فرحل إلى الشرق ودخل القيروان ومصر وتطبب هناك زماناً، أي تعاطي علم الطب وعاناه، ثم رجع إلى الأندلس، فقصد مدينة " **دانية**" فأكرمه ملكها وأدناه، وحظي في أيامه، واشتهر بالتقدم في صناعة الطب وطار ذكره منها إلى أقطار الأندلس.

**ومن أشهر كتبه:**

- كتاب " **التيسير في المداواة والتدبير**" ألفه للقاضي أبي الوليد بن رشد.

- كتاب " الأغذية " ألفه لمحمد عبد المؤمن بن علي أمير الموحدين.
- كتاب " الزينة " وهو على الأرجح كتاب " **الاقتصاد في إصلاح الأنفس والأجساد**".
- " **تذكرة في أمر الدواء المسهل وكيفية أخذه**" ألفه لوالده أبي بكر وذلك في صغر سنه وأول سفرة سافرها فناب عن أبيه فيها .
- " **مقالة في علل الكلى**".
- " **رسالة في علتي البرص والبهق**" كتب بها بعض الأطباء بإشبيلية.
- " **تذكرة** " كتبها لابنه أبي بكر، أول ما تعلق بعلاج الإمراض.

وإذا كان كتاب " **التيسير**".. يؤكد الصداقة الوطيدة التي كانت بينه وبين ابن رشد، إضافة إلى التعاون العلمي، فإن شهرته طارت، من جهة ثانية وتداوله الأطباء وترجم إذ ذاك إلى عدة لغات أجنبية، واعتمد في التدريس بمعاهد الطب مدة طويلة اعتماد كتاب " القانون " لابن سينا، وترك أثراً بليغاً في الطب الأوروبي حيناً من الدهر.

أما كتاب أبي مروان " **الاقتصاد** " فما يزال مخطوطاً، وتوجد نسخته المحفوظة في المكتبة الوطنية بباريس، يقول ابن الآبار في " **التكملة**" انه فرغ من تأليفه سنة 515 هـ

# الزهراوي

## 936 – 1013 م

**هو أبو القاسم خلف بن عباس الزهراوي ولد بالزهراء،** من ضواحي قرطبة عـام 936م،
عمل طبيباً في بلاط عبد الرحمن الثالث، من أوائل الأطباء الـذين اجروا العمليـات الجراحيـة
واستعان في ذلك بالآلات والمعدات الجراحية.

وقبل أن يطور العالم الحديث الحقل الطبي كـان كتاب الزهراوي الطبي إلى جانـب
كتاب ابن سينا، يعتبر مرجعاً في أوروبا على مدى خمسة قرون، وهـي فـترة طويلة في تاريخ
الطب.

كتب الزهراوي كانت أساس الجراحة في أوروبا حتى عصر النهضة، ويعتبر الزهراوي
أبو الجراحة، أعظم إسهام لـه في الحضارة الإنسانية كان كتاب التصريف لمـن عجـز عـن
التأليف، والذي تألف من 30 مقالة ( **كل مقالة تبحث في فرع من فروع الطب** ) وخصص
المقالة الثلاثين لفن الجراحة(أو صناعة اليد كما كان يطلق عليها في ذلك العصر)، يحتوي
الكتاب على صور للمئات من الآلات الجراحية اغلبها من ابتكار الزهراوي نفسه، وكانت أداة
جراحية اخترعها مرفقة بإيضاحات مكتوبة عن طريقـة استعمالها، كان يملك حـوالي مـائتي
أداة: منها الدقيق ومنها الكبير كالمنشار، وغيره، ما مكنه من إجراء عمليات جراحيـة في العين
وغيرها من أعضاء الجسم، كان يخرج الأجنة الميتة من الأرحام بواسطة المنشار، وكـان هنـاك
أداة تدعى " **أداة الكي**" للقضاء على الأنسجة التالفة بواسطة الكي، ونظراً لعدم وجود كهربـاء
في ذلك الوقت كان يستخدم السخان، فيعمد إلى تحميه قطعة معدنية ويضعها على المنطقة

المصابة فتؤدي إلى تجمد الأنسجة وتوقف النزف، كما كان بالإمكان أيضاً إيقاف نزف الشعيرات الدموية الصغيرة.

ويحتوي الكتاب أيضا فصولاً وأبواباً فيها أوصاف دقيقة مثلاً لعمليات : **استخراج حصى المثانية بالتفتيت والشق، ويصف في أحد الفصول الكسور والخلع، وتحدث في بعض فصوله عن عمليات الولادة.**

وذكر الزهراوي علاج السرطان في كتابه " **التصريف**" قائلاً: **متى كان السرطان في موضع يمكن استئصاله كله كالسرطان الذي يكون في الثدي أو في الفخد ونحوهما من الأعضاء المتمكنة لإخراجه بجملته، إذا كان مبتدءاً صغيراً فافعل، أما متى تقدم فلا ينبغي أن تقربه فإني ما استطعت أن أبرئ منه أحدا، ولا رأيت قبل غيري وصل إلى ذلك.**

وبالرغم من أن الحديث عن الزهراوي دائما ما ينصرف لإسهاماته في الجراحة، فقد كان طبيبا متميزا في المجالات الطبية الأخرى كما يتضح من تغطيته لها في كتابه، فشرح الزهراوي طريقة معالجة التواء الإطراف، وهي نظرية تقليدية لا تزال تطبق حتى أيامنا هذه، وأجرى عملية استئصال الغدة الدرقية **Thyroid**، والتي لم يجرؤ أي جراح في أوروبا على إجرائها إلا في القرن التاسع عشر أي بعده بتسعة قرون.

ترجم الكتاب إلى اللاتينية ولغات أخرى ولم ينشر بأكمله، فقد نشر الجزء الخاص بالجراحة عام 1497 م، والجزء الخاص بالإمراض الباطنية عام 1519م وأمراض النساء عام 1566م وكان قبلها قد نشر الجزء الخاص بالعقاقير عام 1471م.

يقول العالم سارتون عن الزهراوي انه اكبر جراحي الإسلام، ويعتبره كثير من مؤرخي العلم انه يوازي ابن سينا والرازي.

# السجزي

## 415هـ - 1204 م

**هو احمد بن محمد بن عبد الجليل السجزي**، أحد علماء الفلك المشهورين في الحضارة الإسلامية، ولقب السجزي نسبة إلى سجستان شرق إيران، وقد عاصر البيروني وتحدث عنه مبجلاً إياه في مؤلفاته.

يعد الباحثون السجزي أول من تحدث عن حركة الأرض وذلك عندما أبدع الإسطرلاب الزروقي المبني على أن الأرض متحركة تدور حول محور لها، وكذلك الفلك السبعة السيارة وما تبقى من الفلك ثابت، وقد وصف في إحدى مؤلفاته آلة تعرف بها الأبعاد، وشرح تركيبها وطرق عملها، والكتاب بعنوان مقدمة لصنعة آلة تعرف بها الأبعاد، وللسجزي ما يزيد عن أربعين كتابا ورسالة، ناقش فيها العديد من المسائل العلمية.

درس السجزي بعناية قطوع المخروط وتقاطعها مع الدائرة، وقد اهتم اهتماما خاصا بالهندسة، وبخاصة في شكلها التعليمي، فكانت بعض كتبه تأخذ هيئة إجابات عن أسئلة مطروحة، ومن أهمها : **رسالة في جواب مسائل هندسية**، **وأجوبة على مسائل هندسية.**

ودرس أيضا كذلك بعض الأشكال الهندسية في كتبه، ومنها: **خواص الأعمدة في المثلث**، **رسالة في خواص الدائرة**، **رسالة في كيفية تصور الخطين اللذين يقربان ولا يلتقيان**، **رسالة في خواص الأعمدة الواقعة في النقطة المعطاة إلى المثلث المتساوي الأضلاع**، وكان يحرص على مناقشة الأمور الهندسية والرياضية مع العلماء الآخرين، وقد ناقش كثيرا مع آراء إقليدس في كتبه ومن أهمها: **رسالة في الشك في الشكل الثالث والعشرين** ويقصد به

الشكل الثالث والعشرين من المقالة الحادية عشر من كتاب الأصول لإقليدس، وثبت بـراهين بعض الأشكال في كتاب الأصول، وناقش كذلك أرخميدس في كتابه **المأخوذات** وذلك في رسالته التي تضمنت جوابا عن المسألة التي سئل فيها عن بعض الأشكال المأخوذات.

**ومن أهم كتبه الرياضية:**

رسالة إيقاع النسبة المؤلفة الاثنى عـشر في الـشكل القطاع المـسطح بدرجـة واحـدة وكيفيـة الأصل الذي تتولد منه هذه الدرجة.

# ابن سينا

**370 - 428 هـ**

**980 - 1037 م**

**هو أبو علي الحسين بن عبد الـلـه بن سينا،** ولد في قرية افشـنة بـالقرب مـن بخـارى عام 370 هـ 980 م، كان والده من محبي العلم، وكان يدعو العلماء المشهورين ليدرسوا ابنه القرآن الكريم واللغة والأدب، حفظ القرآن الكريم وهو صغير السـن لم يتجـاوز العـاشرة مـن عمره، وألم بـبعض المعـارف الشرعية والرياضـيات، ثـم اتجـه نحـو دراسـة الطـب وكـان مـن أساتذته في الطب أبو سهل عيسى بن يحيى وأبو منصور الحسن بن نـوح القمـري، وقـرأ ابـن سينا الكتب الطبية واشتهر في مجال الطب وهو ابن ست عشر سنة، حتى أن سلطان بخارى نوح بن منصور مرض، فذكر الأطباء على مسمعه ابن سينا، فطلب إحضـاره وبقـي ابـن سـينا في خدمة السلطان نوح ، واطلع على كتب مكتبة السلطان والتي كانت زاخـرة بكتـب الفقـه والشعر واللغة وغيرها من الكتب، ويقول ابن سينا في ذلك : ( رأيـت مـن الكتـب مـا لم يقـع اسمه إلى الكثير من الناس قط، وما كنت رأيته من قبل ولا رأيته من بعد، فقرأت تلك الكتب وظفرت بفوائدها )، اطلع على كل ما ذكره وهو لم يتعد الثامنة عشرة من عمره.

تابع ابن سينا الفارابي في الطبيعيات والإلهيات أي الوجود الطبيعـي والوجـود الإلهـي، ويتبنى نظيرة الفارابي في الصدور، الفرق يتعلق بالتمييز بين

الموجودات عند الفارابي وكانت ( **الموجود الممكن الوجود - الموجود الواجب الوجود**) ، ويضيف ابن سينا تمييزا ثالثا فيكون ( **الموجود الممكن الوجود - الموجود الواجب الوجود\ - الموجود الممكن الوجود بذاته الواجب بغيره**) أي هو مدين بوجوده لغيره وهو كالفرق بين الموجود الممكن الوجود والموجود الحادث مثال: إنسان متزوج يرغب في الإنجاب ، الطفل المرغوب به ممكن أن يوجد وممكن لا ، ولكن إذا ما تحقق يكون موجود ممكن الوجود بذاته واجب الوجود لغيره / غيره أي أبويه، يطبق ابن سينا هذا التمييز الثلاثي على نظرية الصدور، يقول ابن سينا: العقل الأول ممكن الوجود بذاته واجب الوجود يغيره، من تعقله للأول بصفته ممكن الوجود بذاته يصدر نفس، ويتعقل ذاته بصفته ممكن الوجود بذاته واجب لغيره يصدر عقل، ومن تعقله لذاته من حيث هو واجب الوجود للأول يصدر عنه العقل، نظرية الصدور الثلاثي الآن لا قيمة لها علميا وكلها سقطت.

تكمن أهمية ابن سينا في نظريته في النفس وأفكاره في فلسفة النفس، مقدمات ابن سينا في النفس هي مقدمات أرسطية، **تعريف ابن سينا للنفس: النفس كمال لجسم طبيعي آلي ذي حياة بالقوة أي من جهة ما يتولد ( وهذا مبدأ القوة المولدة)** ويربو ( **وهذا مبدأ القوة المنمية**) ويتغذى ( **وهذا مبدأ القوة الغاذية**) وذلك كله ما يسميه بالنفس النباتية، وهي كمال أول من جهة ما يدرك الجزئيات ويتحرك بالإدارة وهذا ما يسميه بالنفس الحيوانية، وهي كمال أول من جهة ما يدرك الكليات ويعقل بالاختيار الفكري وهذا ما يسميه النفس الإنسانية، شرح التعريف: ونعني في التعريف السابق أن النفس عند ابن سينا ثلاث : نباتية/ حيوانية /إنسانية.

كمال أول: تعني مبدأ أول ذي حياة بالقوة: يعني لدينا جسم مستعد وطبيعي لتقبل الحياة

مبادئ النفس النباتية: تنمو وتتوالد وتتغذى ولا يفعل النبات أكثر من ذلك.

مبادئ النفس الحيوانية: تدرك الجزئيات ( مثلا يدرك أفعى أمامه / إنسان أمامه) يتحرك بالإرادة أي فيه إرادة توجهه ( مثلا الأسد بإرادته ممكن أن يقفز على إنسان ويبتلعه) .

مبادئ النفس الإنسانية: تدرك الكليات، اختيار فكري أي الحرية الفكرية التي نتوجه لها للاختيار من بين بدائل مختلفة، تصور ابن سينا النفس:

1-   من أين جاءت؟

2-   علاقة النفس بالبدن.

3-   مصير النفس.

المسألة غامضة عند ابن سينا ولكن ربما قصيدته العينية هي التي تعبر أكثر من غيرها عن رأي ابن سينا في المسائل الثلاث، قصيدته مكونة من أربعة أقسام لدى قراءتها تتضح الإجابة على الثلاث أسئلة السابقة.

<u>قصيدته العينية في النفس</u>

والتي تقول أول أبياتها :

**هبطت إليك من المحل الأرفع ورقاء ذات تعزز وتمنع**

تصور ابن سينا لأصل النفس: من أين جاءت ؟ / علاقة النفس بالبدن / مصير النفس ، المسألة غامضة عند ابن سينا وقصيدته مكونة من أربعة أقسام ، يشير ابن سينا في قسمها الأول من أين جاءت النفس ويقول

إنها جاءت من محل رفيع أي من فوق واتت رغما عنها وكارهة لذلك، ثم تتصل بالبدن وهي كارهة لكنها بعد ذلك تألف وجودها البدن لأنها نسيت عهودها السابقة كما يقول في قصيدته ، إذن فهو يقول هبطت النفس من مكان رفيع، كرهت وأنفت البدن، ثم الفته واستأنسته، ثم رجعت من حيث أتت وانتهت رحلتها والآن في القسم الأخير من القصيدة يبدأ ابن سينا يتساءل لماذا؟فيجيب إنها هبطت لحكمة إلهية، هبطت لا تعلم شيء لتعود عالمة بكل حقيقة ولكنها لم تعش في هذا الزمن إلا فترة، كان رجلا جيدا يقول ابن تيمية عن ابن سينا " تكلم ابن سينا ي أشياء من الإلهيات، والنبويات والمعاد والشرائع ،لم يتكلم بها من سبقه، ولا وصلت إليها عقولهم ولا بلغتها علومهم " ، ومن مفاخر ابن سينا في الطب انه أول من وصف " **الغرغرينة**" التي تصيب مرضى السكري، كما كان أول من استعمل القسطرة في علاج الأمراض، مستخدماً في ذلك محمول نترات الفضة، ووصف علاجاً للانحباس البولي، واهتم أيضا بالناحية النفسية للمريض بجانب ما يقدمه من عقاقير.

**أهم مؤلفات ابن سينا:**

- **في الفلسفة:**

● الإشارات والتنبيهات.

● الشفاء، في 28 مجلداً ، به فصول من المنطق والطبيعيات والفلسفة وقد ترجم إلى اللغات الأوروبية.

- **في الرياضيات:**

● رسالة الزاوية.

● مختصر إقليدس.

- مختصر الارثماطيقي.
- مختصر علم الهيئة.
- رسالة في بيان علةّ قيام الأرض في وسط ، طبعت في مجموع ( **جامع البدائع**)، في القاهرة سنة 1917م.

**- في الطبيعيات وتوابعها:**

- رسالة في إبطال أحكام النجوم.
- رسالة في الأجرام العلوية وأسباب البرق والرعد.
- رسالة في الفضاء.
- رسالة في النبات والحيوان.

**- في الطب:**

- كتاب القانون في الطب الذي ترجم وطبع عدة مرات والذي ظل يدرس في جامعات أوروبا حتى أواخر القرن التاسع عشر، هذا الكتاب خير ما أنتجته الحضارة الإسلامية، يمتاز بحسن تبويبه ودقته العلمية ويحتوي على علم وظائف الأعضاء وعلم الصحة وعلم الأدوية والنباتات الطبية ومعالجة الإمراض.
- كتاب الأدوية القلبية.
- كتاب دفع المضار الكلية عن الأبدان الإنسانية.
- كتاب القولنج.
- رسالة في سياسة البدن وفضائل الشراب.
- رسالة في تشريح الأعضاء.

- رسالة في الفصد.
- رسالة في الأغذية والأدوية.


- أراجيز طبية:

- أرجوزة في التشريح.
- أرجوزة المجربات في الطب.
- الألفية الطبية المشهورة التي ترجمت وطبعت.


- في الموسيقى:

- مقالة جوامع علم الموسيقى.
- مقالة الموسيقى.
- مقالة في الموسيقى.

# ابن الشاطر

**704 - 777 هـ**

**1304- 1375 م**

**هو أبو الحسن علاء الدين بن إبراهيم بن محمد بن المطعم الأنصاري** المعروف باسم **ابن الشاطر**، عالم فلك ورياضيات عربي مسلم، قضى معظم حياته في وظيفة التوقيت ورئاسة المؤذنين في الجامع الأموي بدمشق ، وصنع ساعة شمسية لضبط وقت الصلاة سماها " الوسيط" وضعها على إحدى مآذن الجامع الأموي، صحح نظرية بطليموس، وسبق كوبرنيكوس فيما توصل إليه بقرون، ونشر ذلك في متابعة نهاية السؤال في تصحيح الأصول. ولد في دمشق ، وتوفي والده وهو في السادسة من العمر، فكفله جده، ثم ابن عم أبيه وزوج خالته الذي علمه تطعيم العاج، ومنه اكتسب كنيته " المطعم" ، جمع ثروة كبيرة واستغلها في التنقل بين الأمصار لتعلم الرياضيات والفلك، فاتجه إلى الإسكندرية والقاهرة ومكث فيها مدة يتلقى العلم. صحح ابن الشاطر المزاول الشمسية التي بقيت تتداول لعدة قرون في كل من الشام ومصر وأرجاء متعددة من الدولة العثمانية ، ولبى دعوة السلطان العثماني مراد الأول بتأليف زيج يحتوي على نظريات فلكية ومعلومات جديدة، ومن ذلك قياسه زاوية انحراف دائرة البروج، وتوصله إلى نتيجة غاية في الدقة، وفي هذا يقول **جورج ساورتون** : ( **إن ابن الشاطر عالم فائق في ذكائه ، فقد درس حركة الأجرام السماوية بكل دقة، واثبت أن زاوية انحراف دائرة البروج تساوي 23 درجة و31 دقيقة سنة 1365 علماً بأن القيمة المضبوطة التي توصل إليها علماء القرن العشرين بواسطة الآلات الحاسبة هي 23 درجة و 31 دقيقة و19.8 ثانية**).

**أهم إنجازات هذا العالم :**

كانت تصحيحه لنظرية بطليموس، التي تنص على أن الأرض هي مركز الكون، والشمس هي التي تدور حولها، وان الأجرام السماوية كلها تدور حول الأرض مرة كل أربع وعشرين ساعة، وكان العالم كله في عهد ابن الشاطر يعتقد بصحة هذه النظرية التي

لا تحتمل جدالا، ويقول ابن الشاطر: ( انه إذا كانت الأجرام السماوية تسير من الشرق إلى الغرب، فالشمس إحدى هذه الكواكب تسير، ولكن لماذا يتغير طلوعها وغروبها؟ واشد من ذلك أن هناك كواكب تختفي وتظهر سموها " الكواكب المتحيرة "، لذا الأرض والكواكب المتحيرة تدور حول الشمس بانتظام، والقمر يدور حول الأرض)، وقد توصل كوبرنيكوس إلى هذه النتيجة – التي تنسب إليه – بعد ابن الشاطر بقرون.

**مؤلفاته:**

- الزيج الجديد، وهو الزيج الذي ألفه بطلب من الخليفة العثماني مراد الأول.
- إيضاح المغيب في العمل بالربع المجيب.
- مختصر العمل بالإسطرلاب، ورسالة في الإسطرلاب، ورسالة عن صنع الإسطرلاب.
- المختصر في الثمار البالغة في قطوف الآلة الجامعة.
- رسالة العمل بالربع الهلالي.
- رسالة الربع الهلالي.
- النفع العام في العمل بالربع التام.
- أرجوزة في الكواكب.
- رسالة نزهة السامع في العمل بالربع الجامع.
- رسالة كفاية القنوع في العمل بالربع المقطوع.

# الشريف الادريسي

**493 - 560 هـ**

**1100 - 1166 م**

**هو أبو عبد الله محمد بن عبد الله بن إدريس**، المعروف **بالشريف الادريسي** ويلقب بالشريف نسبة إلى الإمام علي بن أبي طالب، كرم الله وجهه، ولد عام 493 هـ في مدينة سبته شمال المغرب، ودرس في قرطبة.

يعتبر اكبر جغرافي في بلاد المغرب العربي، لقب بالقرطبي لأنه تعلم بقرطبة ولقب بالصقلي لأنه اتصل بروجر الثاني ملك صقلية، صنع للملك روجر الثاني عام 562 هـ صورة للأرض، كانت أكمل صورة للأرض في ذلك العصر، كانت كرة ضخمة الحجم مصنوعة من الفضة اشتملت على صور الأقاليم ببلادها وأقطارها ومدنها وأنهارها وبحارها، ومواقع تلك الأنهار والبحار والطرق.

ألف أشهر كتبه ( **نزهة المشتاق في اختراق الآفاق**) عام 548 هـ ، ونُقل إلى اللغة اللاتينية موجز له في القرن السادس عشر الميلادي، وقد طبعت أجزاء كثيرة من كتابة وبقيت هذه الطبعات مصدراً للدارسين الأوروبيين زهاء أربعة قرون، ويعترف الغرب بأن بطليموس لم يكن الأستاذ الحقيقي في جغرافية أوروبا، لكنه الإدريسي وخرائطه وصوره التي تثبت كروية الأرض .

اهتم الإدريسي بالجغرافيا الفلكية إضافة إلى اهتمامه بالجغرافية البشرية ، حيث أفاض في الحديث عن الجوانب الاقتصادية والبشرية ، فقد تحدث عن عادات وتقاليد وملابس وسمات الأمم والشعوب، ووصف المدن وصفاً دقيقاً، وكذلك وصفه للأنهار،ويعلق العقاد على وصفه لنهر النيل فيقول:

(لا يُعرف أن أحداً سبق الإدريسي إلى بيان الحقيقة عن منابع النيل العليا، كما حفظت في الخرائط التي بقيت في بعض المتاحف الأوربية، ومنها خريطة بمتحف سان مرتين الفرنسي، ترسم النيل آتياً من بحيرات إلى جنوب خط الاستواء، بعد أن تخبط الجغرافيين في وصف منابعه، وتعليل فيضانه منذ أيام هيرودوت الملقب بأبي التاريخ).

**وهذا يدل على دقة الشريف الإدريسي ومكانته بين الجغرافيين ومدى اعتماد الأوروبيين على صوره وخرائطه عدة قرون.**

استخدمت مصوراته وخرائطه في سائر كشوف عصر النهضة الأوروبية، حيث لجأ تحديد اتجاهات الأنهار والمرتفعات والبحيرات، وضمنها أيضا معلومات عن المدن الرئيسية بالإضافة إلى حدود الدول.

اختار الإدريسي الانتقال إلى صقلية بعد سقوط الحكومة الإسلامية، لان الملك النورماني في ذلك الوقت " **روجر الثاني** " كان محباً للمعرفة، شرح الإدريسي لروجر موقع الأرض في الفضاء مستخدماً في ذلك البيضة لتمثيل الأرض، شبه الإدريسي الأرض بصفار البيضة المحاط ببياضها تماما كما تهيم الأرض في السماء محاطة بالمجرّات.

أمر الملك الصقلي روجر الثاني له بالمال لينقش عمله خارطة العالم والمعروف باسم " **لوح الترسيم**" على دائرة من الفضة .

قدم في إحدى المرات وصفاً عن وضع السودان، وعن حالة المدن " مثل المواقع بدقة متناهية تماماً، كما هي على ارض الواقع، مع إنها كانت فقط من خلال الاستماع إلى بعض القصص والكلمات "

استخدم الإدريسي خطوط العرض أو الخطوط الأفقية على الخريطة والكرة الأرضية التي صنعها ، استخدمت خطوط الطول من قبله إلا أن الإدريسي أعاد تدقيقها لشرح اختلاف الفصول بين الدول، دمرت تلك الكرة خلال الاضطرابات في مدينة صقلية بعد وفاة الملك " **روجر الثاني**".

كما حدد الإدريسي مصدر نهر النيل ، ففي موقع معين وضع نقطة تقاطع نهر النيل تحت خط الاستواء، وهذا هو موقعه الصحيح، قبل دخول النيل لمصر تلتقي روافد نهر النيل في الخرطوم عاصمة السودان، يتشكل نهر النيل من نهرين هما النيل الأبيض والنيل الأزرق، يجري هذان النهران عبر أراضي السودان ويلتقيان في الخرطوم التي تقع تحت خط الاستواء، أن تحديد موقع نهر النيل يُلغي نظرية بطليموس أن مصدر نهر النيل هو تله في القمر.

## أهم أعماله:

- **كتاب نزهة المشتاق في احتراق الآفاق**

ألفه في صقلية بناء على طلب روجر الثاني، ضمن كل ما عرفه الأقدمون من معلومات زاد عليها ما اكتسبه هو ما رآه رصده في أسفاره رحلاته وفيه نصف وسبعين خريطة، تقول موسوعة المعرفة أن هذا الكتاب ظل مرجعا للعلماء الأوروبيون { وبما أيضا للعرب ، المحرر} لمدة اربت على ثلاثمائة سنة، أي حتى القرن السادس عشر الميلادي، ويعرف هذا الكتاب للأوروبيين بكتاب روجر.

- قام بتأليف كتاب " **الجامع لصفات أشتات النبات وضروب أنواع المفردات من الأشجار والثمار والحشائش والأزهار والحيوانات والمعادن وتفسير أسمائها بالسريانية واليونانية واللطينية والبربرية**" .

ونلاحظ أن العدد الأكبر من الكتب النباتية كانـت تتنـاول النباتـات بغـرض إثبـات منافعهـا الطبية، ومعالجتها الصيدلية.

- قام برسم أول خريطة ورسم 70 خريطة لدول مختلفة وألف كتاب نزهـة المـشتاق في اختراق الآفاق أعيد طباعة كتابه مرات عدة للفرنسية والإنجليزية والإسبانية.

- كما انه رسم أول مجسم للكرة الأرضية على كرة من الفضة الخالصة تزن 400 رطـلا ولكنها قد تعرضت للضياع.

# ابن طفيل

**هو أبو بكر محمد بن عبد الملك بـن كفيـل القيـسي الأندلـسي** ، فيلـسوف وفيزيـائي وقـاضي أندلسي عربي مسلم، ولد في وادي اشي، وهي تبعد 55 كـم عـن قرطبـة ، ثـم تعلـم الطـب في غرناطة وخدم حاكمها، توفي عام 581 هـ بمراكش وحضر السلطان جنازته.

كان ابن طفيل فيلسوفاً وقاضياً وطبيباً وفلكياً ، يمثل ابن طفيل الأب الروحي للنزعـة الطبيعية في التربية عبر كتابه ( **حي بن يقظان**) ، والـذي حـاول فيـه التوفيـق الفلـسفي بـين المعرفة العقلية والمعرفة الدينية.

شغل منصب الحجابة عند حاكم غرناطة وتبوأ مركز الوزارة عنـد الأمـير( ابـن يعقـوب يوسف عبد المؤمن) صاحب المغرب، وكان لهذا الأمير الفضل الكبير في بروز مزايـا ابـن طفيـل العقلية، إذ شمله بعطفه و أحاطه برعايته وسهل له استغلال مواهبه التي جعلـت مـن ابـن طفيل عالماً فلكياً رياضياً ، وطبيباً ، وفيلسوفاً،وأدبياً من الطراز الأول.

نقد بن طفيل بطليموس، ونقد فلسفة الفارابي وابن سينا وابن رشد والغـزالي، وكـان في كثير من الاحيان صائباً في نقده مما يدل على انه ذو بصيرة نافذة، وعلى انه كان مستقلا في آرائه واتجاهاته الفلسفية، فهو – أي ابن طفيل- بعد أن اطلع على فلسفة الفلاسفة العرب و غير العرب،وبعد أن وقف على آرائهم ونظرياتهم، وخرج بمـذهب خـاص بـه وضـعه في قـصة سماها ( **حي بن يقظـان**) وهـي أروع مـا كتـب في القـرون الوسـطى واحـسن مـا تفخـر بـه الفلسفة العربية، وقد قال عنها الدكتور سارطون : ( أن رسالة حي بن يقظان من أجل الكتب المبتكرة في موضعها التي ظهرت في القرون الوسطى ..) .

وقصة حي بن يقظان تشتمل على فلسفة ابن طفيل ، وقد ضمنها آراءه ونظرياته، وتدور القصة حول ( **حي بن يقظان**) الذي نشأ في جزيرة من جزر الهند تحت خط الاستواء منعزلا عن الناس في حضن ظبية قامت على تربيت وتأمين الغذاء له من لبنها، وما زال معها ( وقد تدرج في المشي يحكي أصوات الظباء ويقلد أصوات الطيور ويهدي الى مثل أفعال الحيوانات بتقليد غرائزها وألفة بينه وبينها حتى كبر وترعرع، واستطاع بالملاحظة والفكر والتأمل أن يحصل على غذائه وان يكشف بنفسه مذهباً فلسفياً يوضح به سائر حقائق الطبيعة ...).

ومن يقرأ هذه القصة يجد أنها في الواقع تبحث في تطور عقل الإنسان تطوراً طبيعياً من حالة التحسس في الظلام الى أعلى ذروة في النظر الفلسفي، وكيف يستطيع الإنسان دون معونة من الخارج أن يتوصل الى معرفة العالم العلوي ويهتدي الى معرفة الله وخلود النفس، وكذلك يصف ابن طفيل ذهاب ( **حي بن يقظان**) الى الجزيرة المجاورة و أقامته بين سكانها، وهو في هذا الوصف إنما يلجأ الى وصف المجتمع من طرف خفى ، ( فقد أراد بذلك تشريح أحوال عصره الاجتماعية وبيان فساد الأنظمة وانحطاط الأخلاق وتفسخ العقائد الدينية).

وفي نهاية القصة يقرر ( **حي بن يقظان**) و أسال أن لا فائدة من بث أسرار الدين عامة وان ذلك مضربهم، وقد أدى به هذا القرار الى الرجوع الى جزيرته ليعبد الله كما يعرفه، ويقول الدكتور فروخ : ( أن أسال الذي عرف الحق عن طريق الدين يترك طريق الدين ويقلد حياً في طريقه تعبد ...) وهكذا يكون ابن طفيل قد فضل طريق العقل على طريق الدين..).

وقصة ( **حي بن يقظان**) كانت لا تخلو من تعليق عند كثير من أعيان الفكر ورجـال الفلسفة في أوروبا، فقال دي بور في كتابه النفيس ( **تاريخ الفلسفة في الإسلام**)،و ( **قصة حي بن يقظان**) اقرب لا تمثل تاريخ الإنسان في تطوره مما كتبه المفكرون الأحرار في القرن الغابر ... وتدل نبذ كثيرة في القصة على أن ابن طفيل كان يقصد من حي أن يمثل الإنسانية لو لم ينزل عليها وحي سماوي ...) ويتابع دي بور كلامه ويقول: ( ولا يخلو مـن مغـزى قول ابن طفيل أن حياً نشأ في جزيرة سيلان التي يقال أن جوها صالح لإمكان التوالد الطبيعي...)

ولقد كان تأثير هذه القصة عظيماً في مفكري الإفرنج فأخذوا عنهـا، ومنهم مـن نـسج على منوالها، تأثر بها القسيس توما وسبينوزا، وظهر أثرها واضحاً في قصة اندريو التي وضعها بلتاسار غرانسيان في القرن السابع، وكذلك في قصة ( **روبنسون كروز**) ، ونالت القصة إعجاب رجال الفكر والفلسفة والتاريخ، كالفيلسوف ليبتزا، ومونك ، ورينال، وغويته، وغيرهم.

وجاء في مقدمة كتاب ( **حي بن يقظان**) الذي قام بنشره كل من الدكتور جميل صليبا وكامل عياد ما يلي: وتمتاز قصة ابن طفيل عـن قصة ( **روبنسون كروزو**) مـن الناحيـة الفلسفية، وكذلك تمتاز على غيرها من القصص الفلسفية الشرقية بالقرب من الحقيقة الواقعة وبالوصف الطبيعي، وبالتفصيلات الدقيقة عن الحياة العلمية، عدا رشاقة الأسلوب وسـهولة العبارة وحسن الترتيب، وهي بهذه المزايا – ولا شك- في مقدمة الآثار العربيـة التـي تـستحق الخلود في تاريخ الفكر البشري ..

وترجمت قصة ( **حي بن يقظان** ) الى سـائر اللغـات، فظهـرت ترجماتها في اللاتينيـة، والإنجليزية، والهولندية، والألمانية والفرنسية، والإسبانية ، والفارسية، والروسية.

واشتهر ابن طفيل كذلك بتلاميذه ، وحسبه أن يكون ابن رشد أحدهم، وكان يسير مـع تلاميذه على أساس تنمية مواهبهم، فكان يطلب منهم أن يعالجوا مشاكل فلسفية وعلميـة، ويوضح لهم طرق المعالجة والبحث واقترح عـلى ابـن رشـد تلخيص كتـب أرسطو وتقريـب عباراته.

ولم يصلنا شيء من كتبه في الفلـك، ولكـن مـا ورد في بعـض كتبـه يدل عـلى انـه واسـع الاطلاع في هذا العلم.

ونسب ابن رشد الى ابن طفيل نظريات في تركيب الأجرام السماوية وحركاتها ، وقال البرطوجي وهو من تلاميذه ابن طفيل : أن أستاذه ابن طفيل قد وفق لنظام  فلـكي جديـد، وبأفكار مبتكرة لم يأت بها بطليموس، وان نظام ابن طفيـل الجديد يحقـق حركـات الأجرام دون وقوع في الخطأ، ولكن لم يصل الى علمنا شيء من هـذا النظام، فقـد يكون ضـمن أحـد المؤلفات التي ضاعت أثناء الانقلابات والحروب.

وكان ابن طفيل يأخذ البراهين العلمية في سائر دراساته، إلا انه خرج عن هذا الأسلوب عند البحث في معرفة الـله، فقد أراد أن يقيد نفسه في معرفـة كـل شيء عـن طرق العقـل، ولكنه عجز عن معرفة الـله بالبراهين المجردة، فاضطر الى مجاراة الغزالي في معرفة الـله عن طرق الكشف، ( **بإشراق نور الـله تعالى على قلوبهم بالمعرفة**).

وبحث في أمر العلاقة بين الفرد والمجتمع ، وقد أتى بآراء غير ممحصة على رأي " دي بـور " ، ويقـرر ابـن طفيـل أهميـة التجـارب، ويـرى الإنسـان عـن طريـق التجـارب المتكـررة ويستطيع أن يفهم أسرار العالم المادي.

ولابن طفيل آراء في الأخلاق على غاية مـن الطرافـة وردت في كتـاب ( حـي بـن يقظـان)، فالأخلاق عنده من خير العقل والطبيعة، لا من حيـز الـدين والاجـتماع، ويـرى أن ( **الأخـلاق الحميدة هي التي لا تعترض الطبيعة في سيرها**) والتي لا تحول دون تحقيق الرعاية الخاصـة بالموجودات ، ( فمن طبيعة الفاكهة مثلا أن تخرج من زهرتها، ثم تنمـو وتنضج، ثم يـسقط نواها على الارض ، ليخرج من كل نواة شجرة جديدة.

فإذا قطف الإنسان هذه الثمرة قبل أن يستتم نضجها، فإن عمله هـذا يعد بعيداً عـن الأخلاق لانه يمنع النواة التي لم يتم نموها ونضجها بعد أن تحقـق غايتهـا في الوجود ، وذلـك إخراج من نسلها.

وهو يقرر مسؤولية الإنسان إذا سكت عن الخطأ، ولم يعمـل عـلى الإصـلاح، وإزالـة أسباب الفساد والتأخر، وابن طفيل في هذا المجال يدعو الفرد الى أن يسير في سلوكه وجهـوده وحيويته على أساس صالح المجموع وخير الجماعة، ولعل تعريفه الجامع في أن ( **الخلـق هـو أن تجري الطبيعـة في كـل شيء مجراهـا**) أدق تعريـف وأوضحه، فمجـرى الطبيعـة يوجـب الاهتمام بالجماعة لبقاؤها، ويوجب العناية بالجماعـة لتقـدمها وتحـسنها، ولهـذا جعل ابـن طفيل الأخلاق الحميدة في هذا الإطار الرائع من الإيثار وحب الخير للمجموع.

وطال الإنسان بالعمل على إزالة المواثيق التي تعوق نموه وتحسينه، وحمله مسؤولية السكوت على الخطأ أو الظلم، وقال : أن الأخلاق الحميدة تحتم عليه أن يصلح الخطأ أو الظلم النازل، كما توجب على الإنسان أن يسعى دائماً الى الخير العام والصالح العام.

# الطوسي
## 597 -672 هـ
## 1201 – 1274 م

**هو أبو جعفر محمد بن الحسن بن نصير الدين الطوسي**، ولد في طوس، وكان أحد حكماء الإسلام الذين صارت لهم شهرة كبيرة.

كرّمه الخلفاء وقربوه، كما جالس الأمراء والوزراء، مما أثار حسد الناس، فوشوا به كذباً وحكم عليه بالسجن ، وقد وضع في إحدى القلاع حيث أنجز اكثر مؤلفاته في الرياضيات، فكان سجنه سبباً في ازدياد شهرته.

وعندما استولى هولاكو، ملك الغول، على بغداد، أطلق سراح الطوسي وقربه و أكرمه، وجعله في عداد علماءه، ثم عيّن أميناً على أوقاف المماليك التي استولى عليها هولاكو، وقد استغل الطوسي الأموال التي دفعت له في إنشاء مكتبة كبيرة زادت مجلداتها على مئتي ألف كتاب، كما بنى الطوسي مرصداً فلكياً وجعل فيه عدداً من العلماء المشهورين، أمثال المؤيد العرضي الذي اقبل من دمشق ، والفخر المراغي الموصلي، والنجم دبيران القزويني، ومحيي الدين المغربي الحلبي وغيرهم من فطاحل العلم، ويقول جورج سارتون في كتابه **تاريخ العلوم** ( أن الطوسي يعتبر من اعظم علماء الإسلام ومن اكبر رياضيهم) ، فقد عرف بين أصدقائه وذوية وعلماء المشرق والمغرب بلقب (**علامة**) والجدير بالذكر انه كان يجيد اللغات اللاتينية والفارسية والتركية مما أعطته القدرة على السيطرة على شتى المعارف.

تلقى نصر الدين علمه عن العالم الكبير كمال الدين يونس الموصلي، فغرس فيه حب الكتب، حتى وصل الى انه ينفق الكثير من ماله

على شراء الكتب الثمينة، و أبدع في علم الرياضيات بجميع فروعه، فكان له فضل كبير في تعريف الأعداد الصم، وقد ذكر الدكتور موريس كلاين في كتابه تاريخ الرياضيات من الغابر حتى الحاضر : ( إن نصير الدين الطوسي كان يعرف معرفة تامة الأعداد الصم ، ويظهر ذلك من بحوثه لمعادلات صماء. كما كانت لديه خبرة جيدة بالدالة الجبرية الصماء، وبالمثلث الكروي القائم الزاوي – وهذا يظهر من رسالة الأشكال الرباعية الأضلاع. ويرى كثير من علماء الغرب انه من المؤسف حقاً انهم لم يكتشفوا هذه الرسالة إلا عام 1450 م، والدكتور درك ستريك يقول في كتابه ملخص تاريخ الرياضيات: أن نصير الدين من المفكرين الأوائل في الأعداد التي ليس لها جذور ( **الأعداد الصم**)، ولو أعطى كل ذي حق حقه فإنه من الجدير أن يقال انه المبتكر الأول لهذه الأعداد التي لعبت في الغابر دوراً مهماً، ولا تزال لها أهميتها العظمى في الرياضيات الحديثة التي تدرس الآن في جميع أنحاء العالم.

اشتهر نصير الدين الطوسي بعلم الهندسة وحساب المثلثات، فكتب أول كتاب فيهما كان متداولا في جميع أنحاء المعمورة ، واسم هذا الكتاب" شكل القطاعات"، وهو يحتوي على حساب المثلثات فقط، وقد علق كذلك تعليقاً وافياً مهماً على كتاب البيروني دائرة المعارف، ويتكون كتاب البيروني من خمس عشرة رسالة في الرياضيات والفلك، كما نقل الطوسي كتاب اقليدس الى اللغة العربية ونشر بحثاً يتركز حول موضوعات اقليدس.

وقد اعتمد المؤلف المعروف ريجيو مونتاس أفكار نصير الدين الطوسي في تأليفه في حقل حساب المثلثات، والبروفيسور جورج سارتون يعبر في كتابه علوم القدماء وآثرها في النهضة العلمية خلال عام 1600 ميلادية أن

نصير الدين كتب كتاباً بعنوان تحرير أصول رياضية اقليدس،وفيها شرح وناقش كثيراً من المسائل والنظريات التي تطرق لها بعض من سبقه من علماء المسلمين ، و أضاف في كتابه **تاريخ العلوم** ( المجلد الثاني ) : ( إن نصيرالدين بذل جهداً كبيراً يحمد عليه في دراسة مخطوطات إخوانه علماء المسلمين الذين سبقوه، خاصة تلك التي تدرس الأجرام السماوية وحركتها والمسافة بينها وبين الأرض، وكثير من المؤلفين في تاريخ العلوم ينسبون الى نصير الدين الفضل في التعريف بقوس قزح ، وتحليل العوامل الفيزيائية التي تحدقه،، وما لذلك من أهمية في دراسة الكون ومن جهة أخرى ذكر البروفيسور جورج سارتون في كتابه المدخل الى تاريخ العلوم : ( أن نصير الدين الطوسي انتقد بطليموس وما قدمه في المجسطي، وهذا يدل على عبقرية وطول باع نصيرالدين في الفلك، ويمكن القول بكل صراحة أن انتقاده هذا كان خطوة تمهيدية للإصلاحات التي قام بها كوبرنيكس في العصر الحديث).

ركز نصير الدين الطوسي جهده في فصل حساب المثلثات عن علم الفلك ، فنجح في ذلك نجاحاً باهراً، ولقد ذكر الدكتور ديفيد يوجين سمث في كتابه تاريخ الرياضيات ( المجلد الثاني) : ( **إن نصيرالدين كتب أول كتاب في علم حساب المثلثات** عام 648 هجرية ( الموافق 1250 ميلادية) نجح فيه نجاحاً تاماً في فصل حساب المثلثات عن علم الفلك، و أضاف الدكتور كارل بوير في كتابه تاريخ الرياضيات: ( إن نصيرالدين رتب ونظم علم حساب المثلثات كعلم مستقل استقلالا تاماً عن علم الفلك).

أبدع نصير الدين في دراسة العلاقة بين المنطق والرياضيات لدرجة أن معظم علماء العالم يقولون مقارنين بين ابن سينا والطوسي بأن ابن سيناء

طبيب ناجح، والطوسي رياضي بارع، فأطلق عليه اسم ( المحقق)، والجدير بالذكر أن الطوسي نال شهرة مرموقة في علم الهندسة مما جعل العالم الألماني ويدمان يقول: ( أن نصيرالدين الطوسي نبغ في شتى فروع المعرفة، وبالأخص في علم البصريات ، إذ أتي ببرهان جديد لمستوي زاويتي السقوط والانعكاس، يدل على خصب قريحته وقوة منطقه، وقد حاول نصيرالدين أن يبرهن فرضية اقليدس الخامسة في كتابه ( **الرسالة الشافية عن الشك في الخطوط المتوازية**)، فكانت محاولة ناجحة ، حيث فتحت باب النقاش وعدم التسليم بما كتبه اقليدس و أمثاله عن عمالقة اليونان في علم الهندسة.

ويقول جورج سارتون في كتابه **المدخل الى تاريخ العلوم** : ( إن الطوسي اظهر براعة فائقة النظير وخارقة للعادة في معالجة قضية المتوازيات في الهندسة وجرب أن يبرهنها، وبنى برهانه على فروض تدل على عبقريته .

<u>أهم مؤلفات الطوسي:</u>

ألف الطوسي اكثر من 145 مؤلفاً في حقول مختلفة منها:

علم حساب المثلثات والهيئة، والجبر، والجغرافيا، والطبيعيات، والمنطق والتنجيم منها:

1- مقالة تحتوي على النسب.
2- مقالة تحتوي على شكل القطاع السطحي والنسب الواقع فيها.
3- مقالة القطاع الكروي.
4- مقالة في القطاع الكروي والنسب الوقعة عليها.
5- مقالة عن قياس الدوائر العظمى.
6- كتاب تحرير اقليدس.

7- الرسالة الشافية عن الشك في الخطوط المتوازية.

8- كتاب بين المصادر المشهورة للحكماء.

9- كتاب الأصول.

10- رسالة في الموضوعة الخامسة.

11- كتاب الكرة المتحركة لاوطولوقس.

12- كتاب تسطيح الأرض وتربيع الدوائر.

13- كتاب قواعد الهندسة.

14- كتاب مساحة أشكال البسيطة والكروية.

15- كتاب في الكرة والاسطوانة لارخميدس.

16- كتاب المأخوذات في الهندسة لارخميدس.

17- كتاب المعطيات لاقليدس.

18- كتاب أرخميدس في تكسير الدائرة.

19- كتاب الجبر والمقابلة.

20- كتاب جامع في الحساب.

21- مقالة برهن فيها أن مجموع مربعين فرديين لا يمكن ان يكون مربعاً كاملا.

22- كتاب تعلق بالميراث.

23- زيج الايلخاني.

24- كتاب ظاهرات الفلك.

25- كتاب جرمي الشمس والقمر وبعدهما .

26- زيج الزاهي.

27- مقالة عن سير الكواكب ومواضعها طولا وعرضاً.

28- مقالة في أعمال النجوم.

29- كتاب ظاهرات الفلك لاقليدس.

30- كتاب المطالع لايسقلاوس.

31- كتاب في علم الهيئة.

32- مقالة انتقد فيها كتاب المجسطي لبطليموس واقترح فيها نظاماً جديداً ابسط من النظام الذي وضعه بطليموس.

33- كتاب التسهيل في النجوم.

34- مقالة عن أحجام بعض الكواكب وابعادها.

35- كتاب الطلوع والغروب .

36-    كتاب تحرير المساكن.

37-    كتاب المأخوذات لارخميدس.

38-    كتاب تحرير المناظر ( في البصريات).

39-    كتاب تحرير الأيام والليالي .

40-    رسالة في المثلثات المستوية.

41-    كتاب تحرير الكلام.

42-    رسالة في المثلثات الكروية...وغيرها من الكتب.

# العاملي

## 953 – 1031 هـ

## 1547 – 1622 م

هو العالم العربي **محمد بن حسين بن عبد الصمد العاملي**، يعد من كبار العلماء والمفكرين ، لقب بالعاملي نسبة الى جبل عامل في لبنان.

تعلم النحو والآداب العربي والفلسفة والتاريخ والعلوم في سن مبكرة وركز اهتمامه على علم الرياضيات وخاصة علم الجبر والمنطق . وقد قال فيه مؤرخ العلوم المعروف سيد حسين نصر في كتابه العلوم والحضارة في الإسلام:

(( إن بهاء الدين العاملي اشتهر بذكائه المفرط بين علماء عصره . فأجاد اللغتين العربية والفارسية في سن الثالثة عشر من عمره . وقضى معظم حياته في دراسة العلوم بجميع فروعها خاصة الرياضيات والهندسة المعمارية والكيمياء وعلم التنجيم . وفي آخر حياته أعطى اهتماما كبيرا لدراسة وتعليم أصول الدين ، فكان موسوعة في ذلك . واكثر مؤرخي العلوم يعترفون بغزارة علم بهاء الدين العاملى النظري والتطبيقي )) .

جاب الأقطار والأمصار المختلفة باحثا عن كبار العلماء لتلقى العلوم عنهم مباشرة ، وقد عرضت عليه مناصب مختلفة بالدولة فلم يقبلها خوفا من أن تليه عن دراسة العلم وتدريسه بشيء فروعه .

وقد قدم العاملى شروحا وافية للقوانين المعقدة والمسائل المستعصية على علماء عصره . كما لخص وعلق على مؤلفات الكرخى في الجبر والحساب ، وكتب دراسات كثيرة تتعلق بالبيئة .

تطرق بهاء الدين العاملى الى مشكلة " إيجاد الجذر الحقيقي التقريبي " ، فحلها بكل دقة مستعملا طريقة الخطأين التي ابتكرها العالم المسلم المشهور محمد ابن موسى الخوارزمي ، واستخدم العاملى هذه الطريقة في حل كثير من المعادلات الجبرية .

ولم يلبث طويلا حتى استنتج طريقة جديدة تمتاز ببساطها فسماها طريقة الكفتين أو طريقة الميزان نظرا لشكلها الذي يشبه الميزان .

استمرت طريقة بهاء الدين العاملي المسماة الميزان تستعمل في جميع معاهد وجامعات أوروبا ، حتى جاء في القرن السابع عشر الميلادي الإنجليزي اسحق نيوتن ، الذي درس واستعمل طريقة الميزان لبهاء الدين العاملي ، ثم ابتكر طريقة أخرى لإيجاد الحذر الحقيقي التقريبي وسماها طريقة نيوتن ورفسون والمعروفة باللغة الإنجليزية ( **The Newton - Raphson Method**) وهي طريقة تمتاز بدقة اكبر ، حيث أنها ترتكز على نظرية حساب التفاضل والتكامل.

ومما يجدر ذكره أن اسحق نيوتن في الثالثة والعشرين من عمره عمم نظريته ذات الحدين التي ابتكرها العالم المسلم المشهور غياث الدين الكاشي .

كما طور نيوتن أيضا علم حساب التفاضل والتكامل ، الى الدرجة التي نعرفها الآن . ومعروف لدى علماء الرياضيات أن صاحب فكرة حساب التفاضل والتكامل هو العالم العربي ثابت بن قرة الذي استخدم بكثرة نظرية الجاذبية التي أنشأها العالم المسلم الجليل أبو الريحان البيروني ، ولكن نيوتن هو الذي طبقها على الأجسام المتحركة مما أدى بالكثير من علماء الغرب الى تسمية نيوتن بابي الهندسة الميكانيكية.

**مؤلفات العاملي :**

ألف العاملي الكثير من الكتب والرسائل فكانت مراجع رئيسية في جميع جامعات العالم ، ويقال أنها تعدت خمسين مصنفا ، وبجدر بنا أن نذكر منها المصنفات التالية :

1. كتاب ملخص الحساب والجبر لأعمال المساحة .
2. خلاصة الحساب .
3. كتاب الكشكول .
4. بحر الحساب .
5. الرسالة الهلالية .
6. كتاب تشريح الأفلاك .
7. الرسالة الأسطوانية .
8. رسالة في الجبر والمقابلة.
9. رسالة الصفيحة.
10. رسالة في تحقيق جهة القبلة.
11. الملخص في الهيئة.
12. رسالة عن الكرة.
13. رسالة في الجبر وعلاقته بالحساب.
14. كتاب العروة الوثقى والصراط المستقيم.
15. كتاب عن الحياة.
16. تفسير المسمى بالحبل المتين في مزايا القرآن المبين.
17. كتاب حاشية على أنوار التنزيل.

18. رسالة في وحدة الوجود.

19.مفتاح الفلاح.

20.زبدة الأصول.

21.الحديقة الهلالية.

22.هداية الأمة الى أحكام الأئمة.

23.الفوائد الصمدية في علم العربية.

24.أسرار البلاغة .

25.تهذيب النحو.

26.المخلاة .

27.تهذيب البيان.

نرى مما سبق أن بهاء الدين العاملي ألم إلماماً واسعاً بكثير من العلوم الدينية واللغوية والعلمية، فكان معتكفاً على القراءة في جميع فروع المعرفة، وبرز في ذلك بروزاً مرموقاً، قضى العاملي جل وقته في القراءة والكتابة عن علماء المسلمين بشتى الفنون، فكان هدفه الوحيد هو التعرف الى هؤلاء العلماء الأفذاذ الذين خدموا الإنسانية، فحل المسائل المستعصية في مؤلفاتهم وبسط الصعب منها، وقد ابتكر وطور الكثير من القوانين والنظرات الرياضية التي أفادت التابعين له مما جعل اسمه مشهوراً عند كل متخصص في هذه العلوم، والمعروف الآن أن معظم مكتبات العالم تحتوي على بعض من إنتاجه العلمي، منه ما حقق وطبع، وأكثره لا يزال مخطوطاً ينتظر من يبحث عن كنوزه وينشره ويخرجه إلى حيز الوجود

# عبد اللطيف البغدادي

## 557 – هـ

**هو أبو موفق الدين عبد اللطيف بن يوسف البغدادي** ، ولد ببغداد عام 557 هـ ، كان والده مشتغلا بعلم القراءات والحديث وكان عمه سليمان فقيها ، عاش في عصر تميز بعدم الاستقرار في شتى البلاد الإسلامية ، وبالرغم من ذلك فقد شهد هذا العصر نشاطا علميا بارزا حيث حفلت المجالس والمساجد والأندية بمحاورات العلم والأدب .

أرسله والده لسماع الحديث الشريف على أشهر علماء ذلك العصر أمثال : ابن البطي والمقدسي وابن ثابت الوكيل ، ومن ثم أرسله والده لدراسة الفقه والنحو عند الواسطي والانباري ، ودرس بعد ذلك كتب ابن سينا وجابر بن حيان .

بعد ذلك ارتحل الى الموصل واتصل بابن يونس الذي كان ضليعا بالفقه والرياضيات ثم ارتحل الى دمشق ثم مصر واستقر بالقدس بعد أن فتحها صلاح الدين الأيوبي ، ثم ما لبث أن ارتحل الى مصر وانكب على دراسة الطب ثم عاد مرة أخرى الى القدس ، حيث درس علوما كثيرة بالمسجد الأقصى .

ويبدو مما سبق أن حياة البغدادي تميزت بعدم الاستقرار حيث كان دائم الترحال ، ويعود سبب ذلك الى عدم الاستقرار العام الذي ميز ذلك العصر .

امتاز البغدادي بمنهجه العلمي المبني على التجربة والنقد الدقيق للآراء العلمية ، فقـد توصل إلى أن الفك السفلي  للإنسان يتكون من عظمة واحدة بخلاف ما قرره جـالينوس مـن أن هذه الفك يتكون من عظمتين .

ألف البغدادي في مواضيع عديدة منها :

- اللغة وعلومها.
- الفقه .
- التاريخ.
- علم المعادن .
- الطب.
- الفلسفة.

ومن اهم كتبه :

- الإفادة والاعتبار في الأمور المشاهد والحوادث المعانية بأرض مصر .
- المجرد في غريب الحديث .
- شرح تقدمه المعرفة لأبي قراط .
- الطب من الكتاب والسنة .
- رسالة في المعادن والكيمياء .

# علي بن عيسى الكحال

يعتبر **علي بن عيسى الكحال** أحد اعظم أطباء العيون في التاريخ . انتقل بكتب التدريس الى أسلوب جديد في التصنيف ، متجاوزا حنين ابن اسحق والأقدمين . ألف أحد أهم الكتب في الطب وهو كتاب "تذكرة الكحالين" وقد سار فيه على منهج علمي صارم ، مهتديا بالتقسيم التشريحي للعين ، فبدا بأمراض الأجفان ثم بأمراض جهاز الدمع ، ثم بأمراض الملتحمة ، ثم ينتقل الى أمراض القرنية فأمراض القزحية وهكذا ، بينما كان المؤلفون قبل عصره يتحدثون عن أمراض العين جملة واحدة دون تصنيفها حسب الأعضاء . وفي كل فصل من فصول كتابه نرى وضوح أسلوبه وتسلسله المنطقي فهو يطالعنا أولا بتوضيح ماهية المرض وشرح طبيعته ، ثم يذكر أعراضه وعلاماته ، وأوصافه ومميزاته ، وبعدها ينتقل الى ذكر أسباب هذه المرض ، وفي النهاية يذكر طريقة المعالجة . وفي المعالجة لا يحيد عن أسلوبه العلمي أبدا . فهو يبدأ بالمعالجات العامة التي تطبق على الجسد لفائدة العين المريضة ثم يذكر الأدوية الموضعية المستخدمة في علاج العين . وهذا النموذج من الكتب ، ما زال متبعا حتى الآن أي منذ ألف عام . فأسلوب علي بن عيسى هو الأسلوب الذي ما يزال يحكم طريقة التصنيف والتأليف والتدريس في مادة أمراض العين . ويعتبر هذا الكتاب حتى اليوم قطعة فريدة بين كتب التدريس ، من حيث أصالته وسبقه ودقته ومنهجيته وأسلوبه ، لذلك فلا نعجب إذا عرفنا أن طلاب الطب انصرفوا عن الكتب الأخرى ما عداه ، وظل مرجعا للدارسين على مدى ثمانمائة عام ، كما أن الأطباء اعتمدوا عليه . وهذا الكتاب إذا قورن بكتب حنين يعتبر خطوة هائلة الى الأمام ، ولا

تعرف البشرية خلال القرون الثمانية التي تلت صدوره كتابا يعادله في القيمة . وكان على البشرية أن تنتظر انتصار الأفكار القائلة بان موضع الساد هو في البلورة وليس أمامها خلافا لما ذهب إليه جالينوس ، وكان عليها أن تنتظر ظهور نظريات ( كيلر ) في البصريات لكي تحصل على كتاب يتفوق على كتاب علي بن عيسى هذا ، أي أن الانتظار طال حتى القرن الثامن عشر . وصف الباحثون هذا الكتاب بأنه كتاب منهجي لطبيب مجرب مارس المعالجة والجراحة . كما أن الكتاب يعتبر بحق الكتاب التعليمي الكلاسيكي عند العرب في طب العيون . وقد ترجم هذا لكتاب الى الفارسية والى اللاتينية ثم طبع مرارا ، وعلى الرغم من أن الترجمة اللاتينية غير مفهومه و أحيانا غير مقروءة ... إلا أن أوروبا ظلت بحاجة إليه طويلا ردحا طويلا من الزمن . وقد أعيد اكتشاف هذا الكتاب من قبل مؤرخي الطب في العصر الحديث ، ودرس بنصه الأصلي أي بالعربية ، ثم ترجم الى كثير من اللغات الأوروبية ، فظهر عندئذ مدى ضعف وركاكة الترجمة اللاتينية وكذلك ترجم جزء من الكتاب ثانية الى اللاتينية في سنة 1845 . ويظهر من خلال هذا الكتاب أن مؤلفه كان مطلعا على كتبه أبقراط وجالينوس وديوسقوريدس وأوربي أسيوس وبولص وحنين . فهو أذن مؤلف من الدرجة الأولى ، عرف كتب الأقدمين واستفاد منها . وكتب فأجاد الكتابة، إضافة الى كونه طبيبا من الدرجة الأولى . و يبدأ المؤلف بدراسة تشريح العين ووظائفها ، وتابع هذه الأبحاث في واحد وعشرين فصلا تشكل بمجموعها : المقالة الأولى من تذكرة الكحالين . أما المقالة الثانية ، فتبدأ بدراسة الأمراض وتشتمل هذه المقالة على أربع وسبعين فصلا ، والمقالة الثالثة تكمل المقالة الثانية وتقع في سبعين وعشرين فصلا . ويستعرض المؤلف على سبيل المثال : أمراض الملتحمة في خمسة عشر فصلا . وكذلك أمراض القرنية . في نفس العدد من الفصول . ونستطيع اليوم أن تقرا هذا الكتاب مطبوعا بالعربية بفضل دائرة المعارف العثمانية التي نشرته سنة 1946 بتحقيق الأستاذ غوث محيي الدين القادري ، وكذلك نستطيع قراءته بالألمانية مع تعليقات هامة عليه .

# عمر الخيام

## 440 -525 هـ
## 1048 -1131 م

**هو أبو الفتح عمر بن إبراهيم الخيام** ، ولد في نيسابور ، والخيام هو لقبه، حيث كان يعمل في صغره في صنع وبيع الخيام . وهو صاحب **رباعيات الخيام** المشهورة والتي ترجمت الى عدة لغات .

منذ صغره أكثر من التنقل في طلب العلم حتى استقر في بغداد عام 466 هجرية ( الموافق 1074 ميلادي ) . أبدع الخيام في الكثير من فنون المعرفة ، مثل الرضيات ، والفلك ، واللغة ، والفقه ، والتاريخ ، والأدب .

ذكر المؤلفان" إدوارد كاسنار وجيمز نيومان " في كتابهما **التخيلات الرياضية** : (( إن عمر الخيام - بالرغم من شهرته في قصائده المسماة بالرباعيات التي لا تخلو منها أية مكتبة من مكتبات العالم - اجمع - إلا انه فوق هذا كان رياضيا بارعا وفلكيا أصيلا )) .

و أضاف المؤلف الغربي " روس بول " في كتابه **مختصر تاريخ الرياضيات** : (( **أن عمر الخيام يعتبر بين علماء الرياضيات في القرن العشرين نابغة في الرياضيات ولا سيما في الجبر** )) .

والجدير بالذكر أن شعره اشتهر برباعياته التي ترجمت الى لغات مختلفة نظما ونثرا ، وقليلون يعرفون ممن يلمون بشعره ، انه أبدع بالعلوم المختلفة ، وان علماء الشرق والغرب يلقبونه بـ (( **علامة الزمان** )) .

ويقول المؤلف المشهور سيد حسين نصر في كتابه **العلوم والحضارة في الإسلام** : (( أن عمر الخيام يعتبر فلتة زمانه ، حيث انه كان شاعرا ،

ورياضيا بارعا في أن واحد ، هاتان الخصلتان يندر وجودهما في شخص واحد . ومما لا شك فيه أن نتاج عمر الخيام في الجبر يدل على عبقريته ، حيث انه اشتغل في المعادلات ذات - الدرجة الثانية ، مقتديا بأستاذه محمد بن موسى الخوارزمي بالبحث في المعادلات ذات الدرجة الثالثة والرابعة ، فتفن في ذلك)) .

لقد اهتم عمر الخيام اهتماما خاصا بالمقدار الجبري وهو يبحث في علم الجبر ، وكان إقليدس قد حل ذا حدين مرفوعا الى قوة اسه اثنان . فابتكر عمر الخيام نظرية ذات الحدين المرفوعة إلى اس أي عدد صحيح موجب .

اهتم الخيام في علم الجبر فدرس المعدلات الجبرية من الدرجة الأولى والثانية والثالثة ، وذلك في عام 471 هجرية ( الموافق 1074 ميلادية ) .

وعالج المعادلات التكعيبية معالجة منهجية منظمة نادرة في نوعها عبر العصور

واستخرج الجذور لأية درجة . يعتبر جورج سارتون في كتابه **المدخل الى تاريخ العلوم :** (( عمر الخيام من عظماء علماء الرياضيات في القرون الوسطى ، ولكن لم يشتهر في الشرق والغرب إلا بشعره المتقن . وفي الحقيقة حل عمر الخيام بكل جدارة ودقة 13 نوعاً من المعادلات ذات الدرجة الثالثة). و أضاف أريك بل في كتابه تطور تاريخ الرياضيات : ( أن عمر الخيام حل المعادلات الجبرية ذات الدرجة الثالثة بطريقة هندسية أبدع فيه، فوصل الى درجة من النضج الرياضي لم يسبق فيه أحد).

اهتم عمر الخيام بتصنيف المعادلات ذات الدرجة الثالثة حسب درجاتها وحسب عدد حدودها، فأبدع في ذلك إبداعاً كبيراً، يعترف العالم المشهور جورج سارتون في كتابه إعزاز علوم القرون الوسطى خلال النهضة

الأوروبية: ( إن عمر الخيام هو من حاول تصنيف المعادلات، بحسب درجاتها، وبحسب الحدود التي فيها محصورة في 13 نوعاً، ثم أتى من بعده سيمون ستيفين الذي عاش فيما بين 1548 – 1620 ميلادية، وهو هولاندي الأصل، وقد اشتهر بعلم الميكانيكا، فتبع تقويم عمر الخيام نفسه مع إدخال بعض التعديلات الطفيفة)، ومن المؤسف حقاً أن علماء الغرب يدعون خطأ أن ستيفين هو صاحب فكرة التصنيف، وينسون صاحب الابتكار الأول: عمر الخيام العالم المسلم المشهور.

ولم يكتف عمر الخيام بتطوير علم الجبر كعلم مستقل، بل استمر بإدخال ذلك العلم على علم حساب المثلثات، لذا نجد ان عمر الخيام حل الكثير من المسائل المستعصية في علم حساب المثلثات مستعملا معادلات جبرية ذات الدرجة الثالثة والرابعة، ولم يقف عند هذا الحد، بل تشعب اهتمامه حتى حوى علم الفلك، وفي عام 471 هجرية ( الموافق 1079 ميلادية) استنتج عمر الخيام طول السنة الشمسية بما قدره 365 يوماً، و5 ساعات و 49 دقيقة و 5.75 ثانية، مستعملا في 0حساباته أرصاده المتناهية الدقة، ولذا لم يتجاوز الخطأ يوماً واحداً في كل خمسة آلاف سنة، في حين أن الخطأ في التقويم الجريجوري المتبع الآن في العالم اجمع مقداره يوم واحد في كل ثلاثين وثلاثمائة وثلاثة آلاف، كما درس الخيام بكل إتقان قاعد توازن السوائل فنقحها وحل الكثير من المسائل التي استعصت على من سبقه من علماء المسلمين، يقول المؤلف جورج سارتون في كتابه **المدخل الى تاريخ العلوم** ( أن علماء المسلمين اهتموا اهتماماً شديداً بقاعدة توازن السوائل"، ومنهم سند بن علي ( في النصف الأول من القرن التاسع الميلادي)، و الرازي

( في النصف الثاني من القرن التاسع الميلادي)، والبيروني وابن سيناء ( في النصف الأول من القرن الحادي عشر الميلادي)، ثم جاء عمر الخيام فشرح وعلق على الكثير من آراء أساتذته فأبعد في ذلك).

يعتبر عمر الخيام أن علم الهندسة من الموضوعات الأساسية لدراسة أي حقل من حقول الرياضيات، لذا ركز على دراسة هندسة إقليدس المشروحة والمعلق عليها من طرف علماء الرياضيات المسلمين، كما أولى عناية خاصة في تفهم ما قدمه الحسن بن الهيثم في برهانه للموضوعة الخامسة من موضوعات إقليدس، ثم أتى ببرهان جديد من ذلك المنطق، وذكر المؤلف اورثر جتليمن في كتابه **تاريخ الرياضيات:** ( أن عمر الخيام حاول جهده أن يبرهن الموضوعة الخامسة من موضوعات إقليدس التى استعصت على من سبقه من علماء المسلمين،/ ولم تبرهن صحيحاً الى يومنا هذا).

## مؤلفات عمر الخيام:

ألف عمر الخيام في جميع فروع المعرفة الشائعة في عصره، حاذياً أساتذته علماء المسلمين، لذا يجدر بنا أن نذكر بعض مصنفاته المشهورة:

1- رسالة وضع فيها تقويماً سماه ( **التقويم الجلالي**).
2- رسالة في البراهين على مسائل الجبر والمقابلة، عالج في هذه الرسالة حلولا جبرية لمعادلات الدرجة الأولى والثانية والثالثة ، ومعادلات أخرى يمكن اختزالها الى هذه.
3- رسالة تبرز محاولاته المنهجية المنتظمة لحل المسائل التكعيبية.
4- رسالة في شرح ما أشكل من مصادر كتاب إقليدس.
5- رسالة تبحث في النسب.

6- رسالة تحتوي على بحث عن فرضية المتوازيات الاقليدسية.

7- كتاب مشكلات الحساب.

8- رسالة كتب فيها الاحتيال لمعرفة مقدار الذهب والفضة في جسم مركب.

9- رسالة سماها ميزان الحكمة.

10- الرباعيات شعره المعروفة باسمه.

11- مقدمة في المساحة.

12- رسالة عن المصادرة الخامسة من مصادرات إقليدس.

13- رسالة في مشكلات الحساب.

14- كتاب فيه جداول فلكية ( زيج ملكشاه).

15- رسالة الكون والتكليف .

16- رسالة في جواب الثلاث المسائل ضرورية التعداد في علم الجبر والبقاع.

17- رسالة في الكليات والوجود.

18- رسالة في الوجود.

19- رسالة الميزان الجبري.

20- رسالة في حساب الهند.

21- كتاب المقنع في الحساب الهندسي.

22- كتاب الموسيقي الكبير.

23- كتاب الشفاء.

24- رسالة في المعادلات ذات الدرجة الثالثة والرابعة.

25- الرسالة.

26- خمس رسائل في الفلسفة.

27- رسالة الكون والتكليف.

يعد عمر الخيام من مؤسسي مدرسة علم الجبر ، فقد درس المعادلات الجبرية من الدرجة الأولى، والثانية، والثالثة، والرابعة، بمنهج مدهش لمن تبعه، كان فائقاً في الدقة، والعمق ، والأصالة، والتمحيص، والجدير بالذكر أن عمر الخيام هو أول من فكر أن المعادلات الجبرية ذات الدرجة الثالثة لها جدران، كما حصل على الجذور التربيعية، والتكعيبية بطرق رياضية بحته، وهذا يظهر من كتاب **جامع الحساب بالتخت والتراب** لنصيرالدين الطوسي الذي استخدم فيه أفكار عمر الخيام، حقق عمر الخيام علم الجبر تحقيقاً علمياً و أضاف إليه ابتكارات مهمة احتوت على المعادلات الجبرية، ولا سيما معادلات الدرجة الثالثة التي نجح في إيجاد جذورها هندسياً، وذلك بتقاطع قطاعين مخروطين، ولكن لم يبحث عن الحلول العددية إلا في حالة الجذور الموجبة، وبحث عمر الخيام في النظرية التي أسندت – ظلما وجحوداً – لـ ( فرما) العالم الغربي الذي أتى بعده بقرون، والقائلة أن مجموع عددين مكعبين لا يمكن أن يكون مكعباً، لقد اشتهر عمر الخيام شهرة عظيمة بين علماء الغرب بسبب ترجمة كتابه في الجبر من طرف العالم الألماني ووبيك، وقد نشر في باريس عام 1267 هجرية ( الموافق 1851 ميلادية)، والأجدر بنا أن نعرف نحن ابتكارات علمائنا حتى لا نكرر كالببغاء دعاءات الغرب، ولذا يجب أن نسمي نظرية (فرما) بنظرية الخيام، وقانون ( سنيل) بقانون ( **ابن الهيثم**) وقانون ( **نيوتن** ) بقانون ( البيروني).

# الفارابي

## 260- 339 هـ

## 874 – 590 م

**هو أبو نصر محمد بن محمد بن اوزلغ بن طرخان**، تركي من مدينة فاراب، وهي مدينة من بلاد الترك في ارض خراسان وكان أبوه قائد جيش، وكان ببغداد مدة ثم انتقل الى الشام و أقام بها الى حين وفاته، عود الفضل إليه في إدخال مفهوم الفراغ الى علم الفيزياء، تأثر به كل من ابن سينا وابن رشد، ويقال أن مؤلفاته مهدت السبيل لظهور ابن سينا وابن رشد وكانت نبراساً لحكماء الشرق والغرب.

جاء الى بغداد وهو في سن الأربعين، تنقل بين مصر وسوريا وحلب و أقام في بلاط سيف الدولة الحمداني ثم ذهب لدمشق وبقي فيها حتى وفاته عن عمر 80 عاما ووضع عدة مصنفات وكان اشهرها كتاب حصر فيه أنواع وأصناف العلوم ويحمل هذا الكتاب إحصاء العلوم، سمي الفارابي    "**المعلم الثاني**" نسبة للمعلم الأول أرسطو والإطلاق بسبب اهتمامه بالمنطق لآت الفارابي هو شارح مؤلفات أرسطو المنطقية.

ومن المؤرخين من سماه فيلسوف الإسلام بالحقيقة، وقال ابن القفطي: إن الفارابي فيلسوف المسلمين غير مدافع.

أما ابن خلكان فقد ذكر أنه من أكبر الفلاسفة وانه لم يكن هناك من بلغ رتبته في فنونه، واطلع المستشرقون والمؤرخون في أوروبا وأمريكا على فلسفة الفارابي ودرسوها وتأثروا بها، وخرجوا بالقول: أن الفارابي مؤسس الفلسفة

العربية، ومنهم يرى أن زعيم اكبر فرقة فلسفية في عصره والمقدم فيها وهو المرجع وعليه الاعتماد.

وقال دي فور: أن الفارابي شخصية قوية وغريبة حقاً، وهو عندي اعظم جاذبية واكثر طرافة من ابن سينا، لان روحه كانت أوفر تدفقاً وجيشاناً، ونفسه اشد تأججاً وحماسة، الفكرة وثبات كوثبات الفنان، وله منطق مرهف بالع متفاوت، ولأسلوبه مزية الإيجاز والعمق.

ويظهر أن ماسنيون قد تأثر اكثر من غيره بفلسفة الفارابي وقدرها حق قدرها فصرح بأن الفارابي افهم فلاسفة الإسلام واذكرهم للعلوم القديمة، وهو فيلسوف فيها لا غير، وهو مدرك محقق.

وكان للفارابي اثر بليغ في الإسلام وفلاسفة القرون الوسطى من مسيحيين ويهود، ويدلنا على ذلك آثاره التي تجدها في مصنفات هؤلاء، التي تناولت آراء الفارابي ونظرياته بالعناية والاهتمام بها شرحاً وتعليقاً، ومذهب الفارابي في الفلسفة هو مذهب الأفلاطونية الحديثة، مطبوعا بطابع الإسلام

(ذلك المذهب الذي بدأ بترتيبه الكندي من قبله و أكمله أين سينا من بعده).

وقد اشتهر بتفسيره لكتب "أرسطو" لا سيما فيما يتعلق بالمنطق، وهو يعد في هذا المضمار من أعظم المفسرين، ولكن فضله لا يقف عند التفسير ولا عند التمهيد للنهضة الفلسفية والعملية عميقة سامية لم يتهيأ بعد الباحثين كل الوسائل لتفصيلها تفصيلاً وافياً..).

ويرى كثيرون أن اهتمام الفارابي بالمنطق هذا الاهتمام العظيم، قد اثر في التفكير عند العرب، وتقدم به خطوات ، فقد اعتبر آلة للفلسفة وأداة يمكن بواسطتها الوصول إلى التفكير الصحيح ، وقد قال في هذا الشأن ما يلي:

( و أقول: لما كانت الفلسفة إنما تحصل بجودة التميز ، وكانت جودة التميز إنما تحصل بقوة الذهن على إدراك الصواب ، وكانت قوة الذهن حاصلة لنا قبل هذا كله . وقوة الذهن إنما تحصل متى كانت لنا قوة بها نقف على الحق انه الحق يقين فنعتقده ، وبها نقف على الباطل انه باطل يقين فنتجنبه ، ونقف على الباطل الشبيه بالحق فلا نغلط فيه ونقف على ما هو في ذاته وقد أشبه بالباطل فلا نغلط فيه ولا نخدع . والصناعة التي بها نستفيد هذه القوة تسمى صناعة المنطق ).

وقد انتهى ( الفارابي ) الى تعريف المنطق بالمعنى التالي : ( **المنطق هو العلم الذي تتعلم به الطرق التي توصلنا الى تصور الأشياء والى تصديق تصورها على حقيقتها ....** )

وفي نظر ( الفارابي ) أن المنطق قانون لتعبير بلغة العقل الإنساني عند جميع الأمم . فنسبة صناعة المنطق الى العقل والمعقولات كنسبة صناعة النحو الى اللسان والألفاظ ، فكل ما يعطينا علم النحو إنما يعطي تخصص ألفاظ أمة ما ، وعلم المنطق يعطي قوانين مشتركة تعم ألفاظ الأمم كلها .... ).

وقد انصف ( ابن صاعد ) في كتابه ( **طبقات الأمم** ( **الفارابي** ) فاعترف بأنه بزفي صناعة المنطق جميع أهل الإسلام واربي عليهم في التحقق بها ( فشرح غامضها وكشف سرها وقرب تناولها وجمع ما يحتاج إليه منها في كتب صحيحه العبارة لطيفة الإشارة منبهة على ما أغفله الكندي وغيره من صناعة التحليل وأنحاء التعليم ، و أوضح القول فيها عن مواد المنطق الخمس وأفراد وجوه الانتفاع بها ، وعرف طرق استعمالها وكيف تعرف صور القياس كل مادة منها ، فجاءت كتبه في ذلك الغاية الكافية والنهاية الفاضلة )

وتعـرض ( الفـارابي ) لنظريـة المعرفـة وقـد أود ع بعـض عناصرهـا متفرقـة في كتبـه ورسائله ، فمن عناصر نظرية المعرفة الـصحيحة عنـد الفـارابي - كـما جـاء في كتـاب الـدكتور فروخ عن ( الفارابي ) و ( ابن سينا - : ( المباني أي اختلاف شيء عن شيء آخر في ناحية تشعر بها الحواس كالاختلاف في الحجم والملمس واللون والطعـم والرائحـة ، ومنهـا المعرفـة ببـادئ الرأي ، أي أن معرفة هذه الأشياء ( معقولة في نفوسنا ( وقـد اسـتقرت منـذ الطفولـة الأولى . ومنها التخيل ، أي قياس مالا نعرف على ما نعرف ).

وكان ( الفارابي ) يـؤمن بـالمنطق وبفوائـده و أثـره البـالغ عـلى الحيـاة العقلية وكيف انه يمكن بالمنطق معرفة الآراء صحيحها وفاسدها سواء أكانت منا أم من غيرنا ، وإدراك الزلل أو الصواب .

وقد قال ( الفارابي ) في هذه الشان : ( فأنا أن جهلنا المنطق ، لم نقف مـن حيـث نتـيقن على الصواب من أصاب منهم كيف أصاب ) ومن أي جهة أصاب ، وكيف صارت حجته غالط أو غلط : وكيف صارت حجته لا توجب صحة رأيه .

وله كتـاب جـدير بالـذكر هـو كتـاب ( **آراء أهـل المدينـة الفاضـلة** ) وضـع فيـه مذهبـة الفلسفي كله مما يتعلق بآرائه في الإلهيات والنفس الإنسانية وقواهـا المتعـددة المختلفـة وفي الأخلاق السياسية ، ويقول الأستاذ ( العقاد ) في صدد هذا الكتاب : ( ويمتاز الفارابي مـن بـين الفلاسفة الإسلام بأنه عالج البحث في السياسة من الناحية الفلسفية الخالصة .

فالتفكير السياسي في نظام الدولة وتصور المثل الأعلى للحكم ووضع المـوازين الخلقيـة والمقاييس وتحديد الغاية من الحاكم و المحكوم ، ونقد المجتمع

الذي يؤدي الى الشرور والمفاسد، كل هذه من الوسائل التي انفرد ( الفارابي ) بالبحث فيها والتي تدل على قوة الشخصية واستقلال الرأي ...... إلى أن يقول:

( والمدينة الفاضلة اسم أطلقه ( الفارابي ) على المثل الأعلى للحكم ويريد به المدينة التي تحقق لأعضائها السعادة القصوى في الدارين ..... )

وفي الواقع أن ( مدينة الفارابي ) هذه ليست كما بعض المؤرخين صورة مصغرة (ى لجمهورية أفلاطون ) اليوناني على الرغم من بعض المشاركات والتشابه بينهما في الأصول ولكن هناك اختلافا كبيرا في الفروع والتفاصيل.

فلقد استعان ( الفارابي ) بفلسفة اليونان ( وجمهورية أفلاطون ) ، واستعان بالإسلام و أحكامه و أضاف الى هذا كله تجاربه وخبرته ، فكانت مدينته الفاضلة مدينة جديدة بالألوان الأفلاطونية والإسلامية ، وعملية امتزاجها واحكم هذا الامتزاج ، فظهرت فيها قواعد سامية و أصول علمية يجدر بكل أمة السير عليها والاقتراب منها .

من هذه القواعد والأصول ما يتصل بالأمة وأنها جسم واحد لا يستقم أمره إلا بالتضامن والتعاون وتوزيع الأعمال وتنسيقها على أساس الاستعدادات والمواهب والقابليات . وان الأمة لا تقدم ولا تسير نحو السعادة قدما إذا لم يكن على رأسها الحكماء والفلاسفة المعروفين بكمال العقل وقوة الإدراك وقوة الخيال ، وخصال أخرى سردها الفارابي على الوجه التالي : أن يكون الرئيس تام الأعضاء سليم البدن جيد الفهم والتصوير لكل ما يقال له : جيد الحفظ لما يفهمه ولما يراه ويسمعه ، ولما يدركه ، جيد الفطنة ذكيا:

وبحث الفارابي في تأليفه عن بعض روابط الاجتماع ، وقد ذكرها دون أن يناقش قيمتها .

ويقول الدكتور ( جميل صليبا ) في كتابه ( **من أفلاطون الى ابن سينا** ) ما يلي : ( ومما هو جدير بالإعجاب ، أن ( الفارابي ) يذكر في جملة ما ذكره عن هذه الروابط أمورا تـذكرنا ( بجان جـاكٌ **Rausseatt J.J** ) في نظريـة ( **العقـد الاجتماعـي Je Contract Social** ) وتذكرنا أيضا بغيره من علماء الاجتماع المتاخرن ) .

فما قاله ( وقوم رأوا أن الارتباط هو بالإيمان والتحالف والتعاهد عاى كل ما يعطيه كل الإنسان من نفسه ولا ينافر الباقين ولا يخاذلهم ) وهذا التحالف والتعاهد شبيه بتعاقد الأفراد الذي تكلم عنه ( روسو ) في كتاب ( **العقد الاجتماعي** ).

لقد دفعت محبة ( الفارابي ) للحق و إخلاصه للحقيقة الى أن يقول بأبطال صناعة التنجيم ، فخالف الكثيرين من علماء عصره والذين أتوا قبله وبعده . وقد ابطل هذه الصناعة بحجج عقلية مشبعة بروح التهكم ، ووضع في ذلك رسالة سماها : ( **النكت فيما لا يصح من أحكام النجوم** )

فبين في هذه الرسالة فساد علم أحكام النجوم الذي يعزو كل ممكن وكل خارق الى فعل الكواكب وقراناته (لان الممكن متغير لا يمكن معرفته معرفة يقينية ...)

وفي رسالة أخرى بين ( الفارابي ) : أنه من الخطأ الكبير ما يزعمه الزاعمون من أن بعض الكواكب تجلب السعادة وان بعضها يجلب النحس ، وانتهى ( الفارابي ) من هذا كله – كما يقول ( دي بور ) : ( بان هناك معرفة

برهانية يقينية الى إكمال درجات اليقين  نجدها في علم النجوم التعليمي . أما دراسة خصائص الأفلاك وفعلها في الأرض فلا نظفر منها إلا بمعرفة ظنية ، ودعاوي المنجمين ونبوءاتهم لا تستحق منا إلا الشك والارتياب ) .

ويذكر ( الفارابي ) كذلك السبيل التي يسلكها من أراد الفلسفة ، وبين أن السبيل هي القصد الى الأعمال وبلوغ الغاية : ( فالقصد الى الأعمال يكون بالعلم ، وذلك أن تمام العمل ، وأما بلوغ الغاية في العمل فيكون أولا بإصلاح الإنسان نفسه ، ثم إصلاح غيره ممن في منزله أو في مدينته ) .

ومن هنا يتجلى أن الفارابي كان يؤمن بالكفاح وحياة العمل ويدعو الى عدم الانطواء الانعكاف ، وان الإنسان يجب أن لا يقف عند العلم والتحصيل

فهو يقول : أن للفيلسوف في هذا الكون رسالة تتجاوز العلم والتحصيل وهو الذي قد اخذ عن اليونان الرأي بأنه الفلسفة هي علم كلي يرسم لنا صورة شاملة للكون ، وزاد على هذا الرأي قوله : أن الفيلسوف هو الذي يحصل هذا العلم الكلي ولا يقف عند هذه الحدود ، بل يتعداها الى العمل ويكون له قوة على استعماله ، وتحقيق هذه الرسالة يخرج الفيلسوف الى حياة العمل والكفاح والاختلاط بالناس حتى يتمكن من القيام بما عليه من تبعات وواجبات ، هي إصلاح الفرد والجماعة .

<u>**أهم مؤلفات الفارابي :**</u>

- آراء أهل المدينة الفاضلة .
- كتاب الموسيقى الكبير .
- الجمع بين رأي الحكمتين .
- جوامع السياسة .

- إحصاء العلوم .
- التواطئه في البنطين .
- السياسة المدينة .

# الفزاري

**180 هـ**

**796 م**

هو العالم العربي **عبد الـلـه محمد بن إبراهيم بن حبيب الفزاري** عالم رياضي وفلكي .

ولد في الكوفة لأسرة عربية أصيلة ينحدر اصلها من بني فزارة (وبنو فزارة من ذبيان من غطفان من العرب العدنانيين ) ثم سكنت الكوفة . وتتلمذ على يدي أبيه أبي إسحاق إبراهيم الفزاري أحد كبار علماء الهيئة في عصره . وهاجر الى بغداد عام 144 هـ ( 747 / ) ، ودرس اللغة السنسكريتية ، حيث إنها اللغة العلمية للهند . ثم انضم الى فريق الترجمة في بيت الحكمة التي بناها أبو جعفر المنصور .

وهناك عكف على ترجمة العلوم الفلكية والرياضية من المصادر الهندية الى اللغة العربية . ولقد كان لاطلاعه المباشر على العلوم الهندية في علم الفلك التجريبي أن جعل هذا العلم يستند على الاستقرار والملاحظة الحسية لجميع الأرصاد التي تعلل حركات الكواكب والأجرام السماوية .

فاستطاع الفزاري أن يصنع أول إسطرلاب في الإسلام . وكان الفزراي من المغرمين بعلم الأرصاد لدرجة كبيرة حتى انه نظم قصيدة في النجوم توحي بحبه الشديد لهذا الفن وصارت قصيدته يضرب بها المثل بين علماء العرب والمسلمين في مجال علم الفلك .

وفي عام 155 هـ ( 772 م. جاءت بعثه من الهند ومعها كتاب سدهانتا الذي يحتوي على معلومات ثمينة عن علم الهيئة . فطلب الخليفة المنصور من الفزاري أن يقوم على ترجمة هذا الكتاب .

فقام الفزاري بترجمة وتعديله واسماه كتاب السند هند الكبير . ولم تكن الترجمة حرفية ، بل قام بجمع كل معارف الهند من عدة مصادر ، و أضاف إليها . حتى أن بعض الباحثين ينسب اختراع الأرقام العربية إليه .

واصبح هذا الكتاب المرجع الاساسي الذي استخدمه العلماء في علم الفلك الى أيام الخليفة العباسي المأمون ، حيث قام العالم العربي محمد بن موسى الخوارزمي باختصار الكتاب الى " **السند هند الصغير** " حيث أضاف إليه معارف اليونان وغيرهم . ثم استخلص منه زيجا ، فحل زيج الخوارزمي محل كتاب الفزاري .

ترك الفزاري **مؤلفات هامة في مجال علم الفلك** منها :

1- كتاب المقياس للزوال .

2- كتاب الزيج .

3- كتاب العمل بالإسطرلاب ذات الحلق .

4- كتاب العمل بالإسطرلاب المسطح .

5- قصيدة في علم النجوم .

# القزويني
## 650- 682 هـ

**هو أبو عبد الله بن زكريا بن محمد بن محمود القزويني**، ولد في قزوين في مطلع القرن السابع الهجري، ويرجع الى الإمام مالك بن انس، وعلى عادة علماء عصره طاف بعدة بلدان لينهل من أئمة العلماء ويتتلمذ عليهم، فرحل الى دمشق وتتلمذ على ابن علي الصوفي، ثم رحل الى العراق واستقر بها وشغل منصب القضاء في مدينتي واسط والحلة وكان القزويني الى جانب اشتغاله بالقضاء مهتماً بالتأليف في التاريخ والجغرافيا والفلك، ومن أهم كتبه في هذا المجال كتاب ( **عجائب المخلوقات**)، الذي وصف فيه الكواكب السماوية وحركة الأبراج، وتكلم عن البحار والمحيطات والأرض وتضاريسها واصل الأرض وطبيعتها وما عليها من نباتات وحيوانات، ورتب مؤلفه هجائياً.

هذا الكتاب( **عجائب المخلوقات وغرائب الموجودات**)، يعتبر دائرة معارف لما اشتمل عليه من معلومات متنوعة وشاملة، وقد لقي عناية كبيرة في الشرق والغرب فقد ترجم الى الفارسية والألمانية والفرنسية والتركية.

وللقزويني كتاب ( **آثار البلاد وأخبار العباد**)، ضمنه ثلاث مقدمات عن الحاجة الى إنشاء المدن والقرى، وخواص البلاد، وتأثير البيئة على السكان والحيوان، كما عرض لأقاليم الأرض المعروفة آنذاك، وخصائص كل منها، كما يضم هذا الكتاب أخبار الأمم وتراجم العلماء والأدباء والسلاطين، و أوصاف الزوابع، والتنين الطائر أو نافورة الماء وغير ذلك. وللقزويني كتاب ثالث بعنوان تاريخ مصر وخططها.

دعا القزويني الى التأمل في آيات الله في خلقه، وبديع صنعه، تماشياً مع ما أمر به القرآن الكريم من النظر والتأمل في السماء والأرض، وانما المراد في النظر الدراسة والتفكير في المعقولات في المحسوسات، والبحث في حكمتها.

وقد برع القزويني أيضاً في الطبيعيات والفلك وعلم المعادن.

# الكاشـــي

### 839 هـ

### 1436 م

**هو غياث الدين بن مسعود بن محمد الكاشي** ، من اعظم من اشتهر في القرن التاسع الهجري بالفلك والنجوم والرياضيات ... وغيرها من العلوم.

اشتهر بكثرة قراءته للقرآن الكريم، فكان يقرؤه مرة كل يوم، وظهر ذلك على أسلوبه السهل الرزين في الكتابة.

درس النحو والصرف والفقه على المذاهب الأربعة فأجادها حتى اصبح حجة في الفقه، له سمعة مرموقة في علم المنطق والمعاني والبيان، استفاد من معرفته للمنطق بأن درس وكتب في حقل الرياضيات، فاندهش منه الكثير من علماء الرياضيات في العالم بقدرته القوية على حسن التعبير، وكان والد الكاشي من اكبر علماء الرياضيات والفلك، وبهذا ترعرع ابنه في بيئة علمية أصيلة.

وقال الكاشي في مقدمة كتابه **نزهة الحدائق**: ( سألني بعض الأخوان: هل يمكن عمل آلة منها تقاوم الكواكب وعروضها أم لا ؟ فابتكرت فيه حتى وفقني اللـه تعالى و ألهمني به، وظفرت عليه أن ارسم صفحة واحدة مـن صفيحة يعرف منها تقاويم الكواكب السبعة وعروضها وابعادها عن الأرض، وعمل الخسوف والكسوف بأسهل طريق واقرب زمان، ثم استنبطت منها أنواعاً مختلفة يعرف من كل واحد منها ما يعرف من الآخر، والفت هذه

الرسالة مشتملة على كيفية عملها، وكيفية العمل بها، وسميت الآلة المسماة بلوح الاتصالات، وهي أيضاً مما اخترعت عملها قبل هذه ، وبالله العصمة والتوفيق، وهي مشتملة على بابين وخاتمة).

وقد عاش الكاشي معظم سنوات حياته ف سمرقند، وهناك بنى مرصداً امتاز بدقة أرصاده، سماه ( مرصد سمر قند)، فكان علماء الفلك يأتون إليه من كل فج لانتهال العلم ونقله الى بلادهم، أولى الكاشي اهتماماً خاصاً بمؤلفات نصير الدين الطوسي، لما فيها من الحكمة وغزارة البحوث الرياضية، وشرح الكثير من إنتاج علماء الفلك الذين اشتغلوا مع نصير الدين الطوسي في مدينة مراغة بأوساط آسيا، وأدت تحقيقاته لجداول النجوم، التي كتبت في مدينة مراغة، الى ظهور فجر جديد في علم الفلك سمح لعلماء عصره إمكانية النقد البناء، وقدر الكاشي بكل دقة الكسوفات التي حصلت في السنوات الثلاث بين عام 809 و 811 هجرية ، ودرس مدارات القمر وعطارد حتى وصل الى نتيجة مرضية للغاية، فكان أول من اكتشف أن مدارات القمر وعطارد إهليلجية ( قطع ناقص أو شكل بيضي)، ولقد ارتكب العالم الألماني المعروف يوهان كبلر ( الذي عاش في الفترة ما بين 1571 – 1630 ميلادية ) خطأ فادحاً بادعائه كذباً انه أول من فكر بأن مدارات القمر وعطارده إهليلجية.

وسيصعب علينا جداً حصر نتاج الكاشي عملاق الرياضيات في القرن التاسع الهجري في اسطر قليلة، ولكن سوف نحاول أن نعطي فكرة مختصرة عن بعض ابتكاراته المشهورة ... عاش ليونارد وفيبناشي العالم الإيطالي في القرن الثالث عشر الميلادي، وكان معروفاً عند معظم علماء الرياضيات

بليونارد وبيسانو، نسبة الى مسقط رأسه مدينة بيسانو التي كانت اكبر مدينة تجارية في إيطاليا في ذلك الوقت.

وقد زاد فيبوناشي الكثير من البلاد الإسلامية وتلقى علمه على يد علماء المسلمين في الأندلس، وكتب في جميع فروع الرياضيات، كان معظم نتاجه منقولا عن علماء المسلمين، واهم دراساته كانت حول تقدير قيمة النسبة التقريبية فحصل على نسبة محيط الدائرة الى قطرها بما قدره 3.141818 ، ولكن الكاشي الذي آتي بعد في بوناشي بحوالي قرن واحد توصل الى قيمة أدق بكثير تكاد تعادل النتيجة التي توصل إليها علماء القرن العشرين باستعمال الآلات الحاسبة، وقول الأستاذ ديفيد يوجين سمث في كتابه **تاريخ الرياضيات** ( المجلد الثاني) : إن الكاشي بحث في تعيين النسبة التقريبية فأوجد قيمة تلك النسبة الى درجة من التقريب تفوق من سبقه بكثير وقيمتها 301415926535898732).

ولقد ابتكر الكاشي الكسور العشرية، فكان لهذا الابتكار اثر كبير في تقدم الحساب، وفي اختراع الآلات الحاسبة، واعترف له بذلك علماء الشرق والغرب، واستخدم الكاشي الصفر الأول مرة لنفس الأغراض التي نستعمله فيه اليوم، ويذكر الأستاذ ديفيد يوجين سمث في كتابه تاريخ الرياضيات ( المجلد الثاني ): ( أن الخلاف بين علماء الرياضيات كثير، ولكن اتفق أكثرهم على أن الكاشي هو الذي ابتكر الكسر العشري).

و أضاف الدكتور ديرك سترويك في كتابه **مصادر الرياضيات**: ( أن غياث الدين الكاشي هو صاحب فكرة الكسر العشري ويظهر ذلك في كتابه

مفتاح الحساب الـذي يحتـوي لأول مـرة عـلى الكثير مـن المـسائل التـي تـستعمل الكسور العشرية).

وقد أولى الكثير مـن علمـاء المسلمين في الرياضيات عناية خاصـة بدراسـة الأعداد الطبيعية فوصلوا الى قوانين متعددة في مجموع الأعداد الطبيعيـة المرفوعـة الى القـوة الأولى والثانية والثالثة، زاد غياث الدين الكاشي على أساتذته بدراسة نظريـة الأعداد، فبرهـن قانونـا لمجموع الأعداد الطبيعية المرفوعة الى القوة الرابعة، و أيد المؤلف الغربي كارا دي قو قانون لجموع كتاب **تراث الإسلام**: ( أن الكاشي استطاع بكل جدارة إيجـاد قانون لجموع الأعداد الطبيعية المرفوعة الى القوة الرابعة.

درس الكاشي بحوثا سابقيه من علماء المسلمين في علم حساب المثلثات ، فشرح و علق على معظم نتاجهم . وقد حسب الكـاشي جـداول لجيب الدرجـة الأولى ، واستخدم في ذلك معادلة ذات الدرجة الثالثة في معادلاته المثلثية، وذلك في مخطوطته المشهورة استخراج جيب الدرجة الأولى، يقول أمثالها، يضرب مكعب ذلك الجيب في أربع ثوان، وينقض الحاصـل مـن ثلاثة أمثاله، فالباقي هو الجيب المطلوب.

اتبع غياث الدين الكاشي الى درجة كبيرة ما ورد في مؤلفات إقليدس في **علم الهندسة من تعاريف ونظريات**، لكنه أيد عمـلاق الهندسة المستوية نصير الـدين الطوسـي في انتقـاده لفرضية إقليدس الخامسة، استخدم الكـاشي في جميـع مؤلفاته المقـاييس والأطـوال الآتيـة: الفرسخ، والقـصبة، والـذراع، والإصبع، وعـرض حبة الشعير فكـان الفرسخ = 2000 قصبة، والقصبة = 6 اذرع، والذراع= 45 إصبع ، والإصبع = 6 عرض حبة الشعير.

عكف غياث الدين الكاشي كغيره من علماء المسلمين على نـشر بحوثه، فكتب الكثير من **المصنفات في معظم فروع المعرفة**، يجدر بنا هنا أن نذكر منها ما يلي:

1- كتاب زيج الحاقاني، وهو عبارة عن تصحيح زيج الايلخاني للطوسي.

2- رسالة في الحساب.

3- رسالة في الهندسة.

4- كتاب في علم الهيئة.

5- كتاب نزهة الحدائق يبحث في استعمال الآلة ( طبق المنطق) التي ممكن باستخدامها الوصول الى تقويم الكواكب، وعرضها وبعدها مع الخسوف والكسوف.

6- رسالة سلم السماء.

7- الرسالة المحيطة.

8- رسالة الجيب والوتر.

9- كتاب مفتاح الحساب.

10- مقالة عن الأعداد الصحيحة.

11- مقالة عن الكسور العشرية والاعتيادية.

12- مقالة عن حساب النجمين.

13- رسالة في المساحات.

14- مقالة في طريقة استخراج المجهول.

15- زيج التسهيلات.

16- رسالة في استخراج جيب الدرجة الأولى.

17- رسالة عن إهليجي القمر وعطارد.

18- رسالة الوتر والجيب في استخراجها لمثل القوس المعلومةوالوتر والجيب.

19- رسالة في معرفة التداخل والتشارك والتباين.

20- مقالة في طرقة استخراج الضلع الأول من المضلعات كالجذر والكعب وغيرها.

21- رسالة في التضعيف والتصنيف والجمع والتفريق.

22- رسالة علق فيها على المجسطي.

23- جداول فلكية معروفة باسم ( **الزيج الجرجاني**).

24- رسالة ناقش فيها الجذور الصم ومنها تطرق لنظرية ذات الحدين.

وقد قدم الكاشي اعظم خدمة للحضارة الإنسانية بما كتبـه في مختلف فـروع العلـوم، فكان موسوعة في علم الحساب محتذياً في ذلك حذو من سبقه من علماء المسامين، وقد ألف في هذا المجال بصورة علمية منظمة .

يعد كتابه مفتاح الحساب مـنهلا استقى منه علـماء الـشرق والغـرب عـلى الـسواء، واعتمدوا عليه في تعليم أبنائهم في المدارس والجامعات لمدة قرون، كما استخدموا الكثـير مـن النظريات والقوانين التي أتى بها الكاشي وبرهنها وابتكرها .

تعلم الكاشي عن أشياخه في العلوم الدقة في التصور للمسائل المستعصية على الأمـم السابقة، مثل اليونان وغيرهم، فحل الكثير منها بطرق علمية بحتة، ولذا يعتبر الكاشي ممـن وضعوا أسس البحث العلمي ، وقد عرفت عنه قوة الملاحظة وحب الاستطلاع.

# الكرخي

## -421هـ

## -1020م

ولد الكرخي في كرخ من ضواحي مدينة بغداد وعاش ومات فيها.

اهتم الكرخي اهتماماً كبيراً بعلمي الحساب والجبر، فكان نتاجه عظيما في هذين الحلقين ، وبقيت أوروبا تستخدم نتاجه العلمي مدة طويلة من الزمن، يقول الأستاذ جورج سارتون في كتابه تاريخ العلوم والإنسانية : ( أن أوروبا مدينة للكرخي الذي قدم للرياضيات أهم واكمل نظرية في علم الجبر عرفتها، كما بقيت حتى القرن التاسع عشر الميلادي تستعمل مؤلفاته في علمي الحساب والجبر)، ولقد ترجم ( موسهليم )الكافي في الحساب للكرخي من اللغة العربية الى اللغة الألمانية عام 1878 ميلادية، فكان لهذا الكتاب أثره في العلماء آنذاك وبقي مرجعاً مهماً في جميع أنحاء العالم الى حد قريب، ويقول الكرخي في **مقدمة الكافي في الحساب** : ( أني مجدت علم الحساب موضوعاً لإخراج المجهولات من المعلومات في جمع أنواعه ، و ألفيت أوضح الأبواب إليه، و أول الأسباب عليه، وصناعة الجبر والمقابلة، لقوتها واطرادها في جميع المسائل الحسابية على اختلافها ، ورأيت الكتب المصنفة فيها غير مضمنة لما يحتاج إليه من معرفة أصولها، ولا فنه بما يستعان به على علم فروعها، وان مصنفها أهملوا شرح مقدماتها، التي هي السبيل الى الغاية والموصلة الى النهاية، ثم لم أجد في كتبهم لها ذكراً ولا بياناً، فلما ظفرت بهذه الفضيلة واحتجت الى جبر تلك النقيصة، لم أجد بداً من تأليف كتاب يحيط بها

ويشتمل عليها، ألخص فيه شرح أصولها، مصفى من كدر الحشو ودون اللغو)، وقد اتبع الكرخي الطريقة التحليلية لعلم الجبر والمقابلة مقتدياً بأستاذيه الخوارزمي وأبي الكامل وبالعلماء المسلمين الأفاضل حتى أبدع وبرز بهذا الحقل، علق الأستاذ هورد إيفز في كتابه **تاريخ الرياضيات** : ( أن كتاب الفخري في الحساب احسن كتاب كتب في علم الجبر في العصور الوسطى مستنداً على كتاب محمد بن موسى الخورازمي الجبر والمقابلة، امتاز كتاب الفخري في الحساب بطابعه الأصيل في علم الجبر لما فيه من الابتكارات الجديدة والمسائل التي لا يزال لها دور في الرياضيات الحديثة)، و أضاف موريس كلاين في كتابه تطور الرياضيات من الغابر الى العصر الحديث: ( إن الكرخي البغدادي العالم المشهور الذي عاش في أوائل القرن الحادي عشر الميلادي يعتبر مفكراً من الدرجة الأولى، وهذا يظهر من كتابه الفخري في الحساب، فطور هذا الحقل الى درجة يمكن التعرف على عقليته الجبارة خلالها)، ثم قال الأستاذ هورد إيفز في كتابه **تاريخ الرياضيات**: ( إن الكرخي يعد من بين العلماء الرياضيين المبتكرين لما في الفخري في الحساب من نظريات جبرية جديدة تدل على عمق و أصالة التفكير).

والجدير بالذكر أن تسمية كتاب الفخري في الحساب يرجع الى اسم صديقه الوزير أبي غالب محمد بن خلف الملقب بفخر الملك والذي كان وزيراً للسلطان بهاء الدولة ابن عضد الدولة البويهمي، و أكد الأستاذ ديفيد يوجين سمث في كتابه **تاريخ الرياضيات** ( المجلد الأول): ( أن كتاب الفخري في الحساب له الأثر الكبير في علم الجبر ويمكن اعتباره مقياساً صحيحاً لما وصل إليه العرب والمسلمون من التقدم في هذا الفرع).

## مؤلفات الكرخي:

1- كتاب حول حفر الآبار.

2- كتاب الفخري في الحساب، وقد ألفه في الفترة ما بين 401 – 407 هجرية الموافق ( 1011 – 1017 ميلادية).

3- كتاب الكافي.

4- كتاب البديع.

5- رسالة في بعض النظريات في الحساب والجبر.

6- رسالة في النسبة.

7- رسالة في استخراج الجذور الصماء وضربها وقسمتها، كما أعطى فيها طرقاً مبتكرة لحلها وقواعد جديدة في التربيع والتكعيب.

8- رسالة في برهان النظريات التي تتعلق بإيجاد مجموع مربعات ومكعبات الأعداد الطبيعية.

9- رسالة علق فيها على الحالات الست في الجبر التي وردت في كتاب الجبر والمقابلة لمحمد بن موسى الخوارزمي.

10- رسالة تشمل ما يزيد على 250 مسألة متنوعة من معادلات الدرجة الأولى والدرجة الثانية، ومعادلات ذات درجات أعلى.

11- رسالة في علاقة الرياضيات في الحياة العملية.

12- رسالة ذكر فيها علاقة الرياضيات في الحياة العملية.

13- رسالة ذكر فيها الطرق الحسابية لتسهيل بعض العمليات الحسابية كالضرب.

14- رسالة حسب فيها مساحات بعض السطوح.

ولم يترك الكرخي، العالم المسلم المخلص لعلمه، موضوعاً في علمي الحساب والجبر إلا تطرق له وطوره، فكن عالماً محنكاً وموسوعة منظمة، فكان رحمه الله إذا كتب عن موضوع من موضوعات المعرفة أسهب فيه في أسلوب سلس واضح للقارئ.

وقد كان من علماء المسلمين المبتكرين الذين يكرهون النقل والترجمة، ويفضل التصنيف والتحليل والتعليق على مؤلفات غيره،وقد شرح الكثير من النقط الغامضة في كتاب ( **الجبر والمقابلة**) لمحمد بن موسى الخوارزمي، و أكدها بأمثلة كثيرة، يقول البروفيسور روس بول في كتابه **ملخص تاريخ الرياضيات** : _ أن الكرخي طور قانون مجموع مربعات الأعداد الطبيعية الى درجة لم يسبقه إليها أحد ، ولا تزال في القرن العشرين تستعمل دون أي تغيير فيها).

و أضاف الدكتور فلورين كاجوري في كتابه **تاريخ الرياضيات**: ( أن الكرخي يجب أن يعتبر مبتكراً لنظرية مجموع الأعداد الطبيعية).

والجدير بالذكر أن كثيراً من العلماء الغربيين المتأخرين نسبوا بعض نتاج الكرخي لأنفسهم، ومثال ذلك مجموع عددين مكعبين لا يكون عدداً مكعباً ، إذ يظن الغربيون أن مبتكر هذه النظرية هو العالم الفرنسي بير فرمان الذي عاش فيما بين ( 1601 - 1665 ) ميلادية ، وهذا خطأ صريح، لان هذه النظريات موجودة في مؤلفات الكرخي، انه من المؤسف حقاً إلا يعترف علماء الغرب بما أخذوه عن عالمنا المسلم الكرخي بابتكاراته تظهر بوضوح بعد أن بدأ المحققون يدرسون كتبه التي كانت مهملة في مكتبات العالم .

# الكندي

## 185 – 252 هـ

## 801 – 867 م

**هو أبو يوسف يعقوب بن إسحاق بن الصباح الكندي،**ولد عـام 185 هجـري، كـان والده والياً على الكوفة ، وكان عالماً موسوعياً فبرع في ميـدان الطـب ، الفلـسفة، الموسيقى ، الهندسة والفلك.

يعتبر الكندي أول من وضع سلماً للموسيقى العربية، حفظ القرآن الكريم والكثير مـن الأحاديث النبوية وهو الخامسة عشرة مـن عمـره عنـدما كـان يعيش في الكوفـة مـع أسـرته الغنية بعد وفاة والده والي الكوفة الذي ترك له ولاخوته الكثير مـن الأمـوال، سـافر بـصحبة والدته الى البصرة ومكث هناك ثلاث سنوات عرف من خلالها كل ما يجب أن يعرف عن علم الكلام، ثم انتقل مع أمه الى بغداد ليزيد بحراً من العلوم المتنوعـة، بـدأ بالـذهاب الى مكتبـة بيت الحكمة وصار يمضي أياماً كاملة فيها، وهو يقرأ الكتب المترجمة عن اليونانية والفارسية والهندية و أتقن أيضاً اللغتين اليونانية والسريانية.

ويعتبر الكندي من كبار المفكرين والفلاسفة العرب، فاشتغل في بغداد فلكيـاً ، وطبيبـاً، وفيلسوفاً ،وكان يمارس نشاطه العلمي في عهد الخليفة المأمون الذي اهتم بالكندي ومؤلفاتـه وشجعه على الإنتاج العلمي – خاصة في الفلسفة. يقول العالم الأوروبي باكون : ( أن الكنـدي والحسن بن الهيثم في الصف الأول مع بطليومس)، و أضاف البروفيسور برفاد لـوس في كتابه **تاريخ العرب** : ( أن المسلمين في عهد المـأمون قـد اهتمـوا بالترجمـة فتـرجم الكنـدي **فلـسفة أرسطو طاليس**)، ولمح الدكتور ديفيد يوجين سمث في كتابه **تاريخ**

**الرياضيات** ( المجلد الأول ) : ( أن الكندي عرف عند الأوروبيين والامريكانين باسم فيلسوف العرب)، ومدح صالح زكي في كتابه آثار باقية الكندي قائلا: ( أن الكندي أول من حاز لقب فيلسوف الإسلام، كما كان يرجع الى مؤلفاته ونظرياته عند القيام بأي عمل فلسفي).

وقد أعطى الكندي جل وقته لعلم الحيل المعروف الآن بعلم الميكانيكا ، فكان العلماء يعتمدون على نظرياته عند القيام بأعمال بنائية كما حدث عند حفر الأقنية بين دجلة والفرات، ويظهر واضحاً أن الكندي لم يقصر نفسه على علم من العلوم بل كان موسوعة في الفلسفة والفلك والنجوم والطب والطبيعيات والرياضيات والمنطق.

كان يؤمن إيماناً راسخاً أن ليس هناك حد للمعرفة ضمن أقواله المأثورة في هذا المجال : ( العاقل من يظن أن فوق علمه علماً ، فهو أبداً يتواضع لتلك الزيادة، والجاهل يظن انه قد تناهى ، فتمقته النفوس لذلك) ، كما كان يفكر أن العلم بحد ذاته حصيلة لتراكم جهود مختلف الناس والشعوب في سعيهم لمعرفة العالم، وهم في هذه المهمة شركاء في التراث العلمي الإنساني، وينقل عنه القول ( ينبغي إلا نستحي من الحق واقتناء الحق من أين يأتي، وان أتى من الأجناس القاصية عنا، والأمم ألنائية عنا، فإنه لا شيء أولى بطالب الحق من الحق، وليس ينبغي بخس الحق ولا التصغير بقائله ولا بالآتي به).

وهذا يظهر من رسالته المعروفة لدى معظم العلماء المهتمين بالكندي التي أرسلها الى المعتصم بالله : ( أن أعلى الصناعات الإنسانية و أشرفها مرتبة صناعة الفلسفة، لان حدها علم الأشياء بحقائقها بقدر طاقة الإنسان،ولان غرض الفيلسوف في عمله أصابه الحق، وفي عمله العمل بالحق).

والجدير بالذكر أن الكندي يعتبر أول مفكر مسلم يخرج عن نطاق تفكير اليونانيين التقليدي، إذ وضع منهجاً عاماً وقسم الرياضيات ، والمنطق، والطبيعيات، والفيزياء، والسياسة، وعلم الاجتماعين أما الثاني فهي العلوم الدينية وتحتوي على أصول الدين، والعقائد، والتوحيد، والرد على المبتدعة والمخالفين، وبقي هذا المخطط متبعاً خلال العصور كلها، فأول من طبقه من علماء المسلمين: الفارابي، والخوارزمي، وابن سيناء.

ومن هذا يجب القول أن فلسفة الكندي تجمع بين فلسفة أفلاطون و أرسطو، وبدون شك تعتمد على طريقة الاستنباط المنقي الذي كان يعاني منها الكثير من الفلاسفة، وفلسفة الكندي تعرف آنذاك بالفلسفة الحديثة.

كتب الكندي في حقول مختلفة ، وقد أورد له ابن النديم صاحب الفهرست 265 مؤلفاً تقريباً من بين كتاب ورسالة موزعة على 17 نوعاً، منها 22 في الفلسفة، و16 في الفلك، و14 في الحساب، و32 في الهندسة، و22 في الطب، و12 في الطبيعيات، و7 في الموسيقى، و5 في النفس، و9 في المنطق، وكن له مؤلف في **البصريات والمرئيات** يعتبر أروع ما كتب، وقد استفاد منها ابن الهيثم في مؤلفاته في هذا الحقل، كما كتب كتابا عن **البحار والمد والجزر**، وقال الأوروبي دي بور: ( أن هذا المؤلف وضعت نظرياته على أساس من التجربة والاختيار)، ولما اصدر كتابه في الفلسفة آثار الإعجاب والدهشة لدى معاصريه ومن جاء بعدهم، فيقول ابن آبي أصيبعة في كتابه طبقات الأطباء: ( ترجم الكندي من كتب الفلسفة الكثير، و أوضح منها المشكل، ولخص المستصعب، وبسط العويص)،و أضاف البيهقي: وقد جمع الكندي في بعض تصانيفه بين أصول الشرع و أصول المعقولات.

وكان يتحدث كثيراً عن علاقة الفلسفة بالرياضيات، ومـن أقوالـه المـأثورة عنـه : ( **أن الفرد لا يمكن أن يكون فيلسوفاً إلا إذا ألم بعلـم الرياضيات،وان الرياضيات بمثابة جسـر الفلسفة**).

ويقول جورج سارتون في كتابه **المدخل لتاريخ العلـوم** ( المجلـد الأول: (أن الكنـدي مـن اثني عشر عبقرياً الذين هم من الطراز الأول في الذكاء).

و أبدع الكندي في علم الحساب فكتب في هذا الحقل كتباً ورسائل عادت على مجتمعنا العربي الإسلامي بالتقدم والازدهار العلمي، واستفادت منها أوروبا في وعيها العلمـي، ومـن **هذه المؤلفات** ما يلي:

1. كتاب في مبادئ الحساب.
2. مخطوطة في علم الأعداد .
3. كتاب في استعمال الكتاب الهندي.
4. رسالة شرح فيها الأعداد التي استعملها أفلاطون في سياسته.
5. رسالة في تناسق الأعداد.
6. رسالة في استخراج الأعداد الأولية.
7. رسالة في الاحتمالات .
8. رسالة في استعمال الخط المستقيم لتسهيل عملية الضرب. وهي الطريقة المستعملة الآن في الرياضيات المعاصرة.
9. رسالة في الكميات المضافة .
10. رسالة في القياسات .
11. كتاب في المدخل الى الارثماطيقى(خمس مقالات).
12. كتاب في استعمال الحساب الهندي(أربع مقالات).

13. كتاب رسالته في الخطوط والضرب بعدد الشعير.

14. كتاب رسالته في الحيل العددية وعلم إضمارها.

أعطى الكندي جزءاً كبيراً من وقته لعلم الهندسة ،فترجم الكثير من مؤلفات علماء اليونان ، كما كتب في هذا الحقل بما أفاد البشرية . وكان يتفق مع أفلاطون فيما يراه من انه ليس في وسع إنسان أن يصبح فيلسوفاً من غير أن يكون قبل ذلك عالماً هندسياً. وقد بين ووضح أن الرياضيات تكون بالبراهين ، وليس بالقناع الشخصي ، ولا بالظن.

وقد ألف في هذا الحقل **مؤلفات كثيرة** يجدر ذكر بعضها:

1. رسالة عن علم الهندسة الكروية.

2. رسالة عن كروية الأرض.

3. رسالة في أن سطح ماء البحر كرى(كروي، محدب كسطح الارض اليابسة ).

4. رسالة في الأشكال الكروية.

5. رسالة في الهندسة المستوية.

6. كتاب في تسطيح الكرة.

7. رسالة في دائرة البرج.

8. كتاب عنونه الكرة اعظم الأشكال الجرمية ، والدائرة اعظم من جميع الأشكال البسيطة .

9. رسالة في استخراج مركز القمر من الأرض .

10. رسالة في أغراض كتاب اقليدس .

11. رسالة في تقسيم المثلث والمربع وعملها .

12. رسالة في كيفية عمل دائرة مساوية لسطح اسطوانة مفروضة .

13. رسالة في قسمة الدائرة ثلاثة أقسام .

14. كتاب في البراهين المساحية لما يعرض من الحسابات .

ويعد الكندى أول من بحث في علم تناسق الألحان وينسبها إليه أصحاب السير .

كما ذاعت شهرته في بلاط المأمون والمعتصم ونبغ مثل الكثير من أمثاله في مجـد الإسلام الفكري .

في عدد الكبير من العلوم ؛ فألف في علم تقويم البلدان ( الجغرافيا )، والكيمياء ، والموسيقى والفلك ، والطب ، **ومؤلفات كثيرة** منها الآتي :

1- ( رسالة في بطلان دعـوى المـدعين صـنعة الـذهب والفـضة وخـدعهم ) حيـث أن الكندى أثبت محاولة الكيميائيين للحصول علـى الـذهب مضيعة للوقت والمـال والفكر والجهود .

2- ( رسالة في العلة الغربية للكون والفساد ) لانه لا يؤمن بتأثير الكواكب في احول البشر ، ولا بالتنبؤات القائمة على الحركات الأجرام السماوية ، ورفض أن الكواكب تقرر السعد والنحس للناس . وهذا طبعا لا يعني انه لم يعمل في علم الفلك ، بل انه يعتبر مـن العمالقة الثمانية في علم الفلك في العصور الوسطى .

3- رسالة في علل الأوضاع النجومية .

4- رسالة في استخراج آلة وعملها ، يستخرج بها أبعاد الأجرام .

5- كتاب في اختلاف المناظر .

6- رسالة في صنعه الاصطراب بالهندسة .

7- رسالة في اختلاف مناظر المرآة .
8- رسالة في استخراج خط نصف النهار وسمت القبلة.
9- كتاب في المدخل على الموسيقى .
10- رسالة في ترتيب النغم .
11- رسالة في تنبيه عن خدع الكيميائيين .
12- رسالة في العطور وأنواعها .
13- رسالة في الكيمياء العطور .
14- رسالة في تلويح الزجاج .
15- رسالة في صنع أطعمة من غير عنصرها .
16- رسالة في الإيقاع .
17- رسالة في المدخل الى صناعة الموسيقى .

وفي الختام يتضح لنا جليا أن الكندى هو المؤسس الأول للمدرسة المتخصصة في تعليم الفلسفة ، وبخاصة فلسفة أرسطو .

لقد شارك الكندى في التفسير والتعليق على المجسطى باللغة العربية ، كما كان واسع الأفق في علم المنطق وعلم الفلسفة . ويقول جيرارد دى قرمونة : (أن الكندى خصب القريحة ، وانه كان واحد عصره في معرفة العلوم بآسرها. وان أحاطته بكل أنواع المعارف تدل على سعة مداركه وقوة عقله وعظم جهوده ) كما نال إعجاب ابن نباته . وقال ( وانتقل الكندى الى بغداد فاشتغل بعلمالأدب ، ثم بعلوم الفلسفة جميعها فاتقنها، وحل مشكلات كتب الأوائل، وصنف الكتب الجليلة .

وكانت دولة المعتصم تتجمل بالكندى وبمصنفاته وهي كثيرة جدا.

وفخر العرب في الماضي والحاضر بالكندي ونتاجه الفكري ، ففي عـام 1382 هجريـة ( الموافق 1962 ميلادية ) أقامت العراق حفلا عظيما لتكـريم عالمنـا المسلم الكنـدى بمناسـبة مرور ألف سنة على وفاته . وهو جدير بهذا الاهتمام .

# ابن ماجد

**836 - 936 هـ**

**هو شهاب الدين احمد بن ماجد بن محمد بن عمرو الاسدي الملقب بـ " أسـد البحـر " ، ابن أبي الركائب**، ينتسب الى عائلة من الملاحين كان أبوه وجده ملاحين مشهورين، ويقـول عن جده عليه الرحمة كان نادرا في ذلك البحر المحيط الهندي واستفاد منه والدي، واسهما في معرفة القياسات، و أسماء الأماكن، وصفات البحر والبحار.

وقد يقال له السائح ماجد مـن كبـار ربانيـة العـرب في البحـر الأحمـر وخلـيج البربـر والمحيط الهندي وبحر الصين، ومن علماء فن الملاحة وتاريخه عند العرب، وهو الربـان الـذي ارشد قائد الأسطول البرتغالي فاسكو دا جاما في رحلته من مالندي على ساحل إفريقيا الشرقية الى كالكتا في الهند سنة 1498 م فهو أحرى بلقب مكتشف طريق الهند.

من أشهر الكتب التي ألفها ابن ماجد ( **الفوائد في أصول علـم البحـر والقواعـد) و ( حاوية الاختـصار في أصـول علـم البحـار)** وقـد عنـى بدراسـة أعـمال ابـن اماجـد عـدد مـن المسـتشرقين الغـربيين مـن أمثـال جابريـل فـران وتيـودور، ومـسكي وكراتشومـسكي وكتـب المستشرق البرتغالي كتانهيدا يصف إرشاد ابن ماجد لفاسكو دا جاما الى مالندي على الـساحل الشرقي من افريقيا شمال مدغشقر 1498 م وصـعد الى سـفينته العـماني احمـد بـن ماجـد و أبحر معه ليدله على طريق الهند، فهو بحار العرب الأول وربان سفينة فاسكو دا جاما ، ولقد ذكر ابن ماجد في كتاب **المحيط للاميرال التركي** سـيدي عـلي بـن سـيف، حـين ذكـر رحلتـه الى المحيط الهندي وقد خصه في كتابه بإطراء ومديح سماه

(الباحث عن الحقيقة بين البحارين)، ويمكن الاستفادة بخصوص هذا العالم العربي القدير الذي عرف البحر وخبر الملاحة فيه من كتب ( ابن ماجد والبرتغال) للدكتور عبد الهادي التازي والذي يبرئ هذا العالم والدليل  مما الصق به من انه هو مرشد فسكو دا جاما ومن خلال الصلات التاريخية بين عمان والمغرب العربي والوثائق التي حصل عليها في المغرب وسلطنة عمان – الكتاب اصدر منه الطبعة الثانية بسلطنة عمان وبنفس العنوان عام 2005.

يعد كتاب ابن ماجد ( **الفوائد في أصول علم البحر والقواعد**) أهم ما يذكر في علم الملاحة البحرية وارتباطه بعلم البحار ففيه يوضح ابن ماجد، تاريخ علم البحر والملاحة البحرية حتى القرن الخامس عشر الميلادي ويلقي الضوء على مدى تأثر البرتغال بعلوم المسلمين، وبالتقاليد الملاحة البحرية بشكل عام وفي المحيط الهندي بشكل خاص وفي الكتاب يتحدث عن العلوم والثقافات التي يجب أن يلم بها ربان السفينة فيقول أن لركوب البحر أسبابا كثيرة أهمها معرفة المنازل والمسافات والقياس والإشارات وحلول الشمس والقمر والرياح ومواسمها ومواسم البحر.

يقال أن ابن ماجد كان دليل البحارة البرتغالي فاسكو دا جاما عند اكتشافه لرأس الرجاء الصالح ويرون انه بذلك ساعد على خنق الدولة الإسلامية آنذاك، لكن البعض الآخر يشكك في هذا الادعاء مستندا لبعض النقاط منها **عدم ورود أي ذكر لابن ماجد في كتابات المؤرخين البرتغاليين المعاصرين لهذه الفترة.**

# المجريطي

**338- 398 هـ**

ولد **أبو القاسم مسلمة بن احمد المجريطي** في مجريط عام 338 هجري، ويقال أن مجريط هي مدريد عاصمة إسبانية، كان الرجل يحب الأسفار بحثاً عن العلماء للنقاش معهم في الرياضيات والفلك، سافر الى بلاد المشرق واتصل بعلماء العرب والمسلمين، ثم عاد الى قرطبة وبنى هناك مدرسة لتدريس العلوم البحتة والتطبيقية،تخرج من هذه المدرسة كبار علماء الكيمياء على غرار الجامعات التكنولوجية الحديثة.

امتاز أسلوب المجريطي بالدقة وقوة الملاحظة ، وهو من ابرز علماء العرب والمسلمين في الأندلس في القرن الرابع الهجري، وكان عبارة عن موسوعة في شتى فروع المعرفة، ويُحسب له انه حرر علم الكيمياء من الطلاسم والخرافات والسحر التي كانت مسيطرة على هذا العلم في تلك الفترة، وقام أيضاً بإجراء تجارب عدة حول التفاعلات الكيمياء والاحتراق، ويرجع إليه الفضل في تحضيره لأوكسجين الزئبق.

ترك المجريطي **مؤلفات علمية متنوعة أهمها: رتبة الحكم** ( في الكيمياء ) ، **غاية الحكيم** ( في الكيمياء) وقد نُقل الى اللاتينية، عني المجريطي بزيج الخوارزمي وزاد عليه، وله رسالة في آلة الرصد، وبالإسطرلاب، وقد ترك أبحاثاً قيمة في مختلف فروع الرياضيات كالحساب والهندسة، فضلاً عن مؤلفاته في الكيمياء ، واهتم المجريطي كذلك بتتبع تاريخ الحضارات القديم، ومن الدراسات المهمة التي ركز عليها المجريطي علم البيئة.

ويمكننا القول أن المجريطي صاحب مدرسة مهمة في حقل العلوم، تأثر بآرائها العديد من العلماء اللاحقين ،أمثال الزهراوي طبيب الأندلس المشهور، والغرناطي، والكرماني، وابن خلدون الذي نقل عن المجريطي بعض الآراء التي أدرجها في مقدمته.

### أهم مؤلفات المجريطي:
- كتاب الأحجار.
- كتاب الطبيعيات.
- كتاب تمام العد والحساب.
- كتاب مفخرة الأحجار الكريمة .
- رسالة في الإسطرلاب.
- كتاب اختصار تعديل الكواكب.
- رتبة الحكم.
- غاية الحكيم.

# المقدسي

## 336 - هـ

**هو شمس الدين أبو عبد الله محمد بن احمد بن أبي بكر**، الشهير بالمقدسي، ولـد في القدس عام 336 هـ، تنقل في مختلف بلاد الشام شرقاً وغرباً، وقد تميز وعرف ميله الشديد الى الاختبار الشخصي، وتبعاً لذلك اتسمت مؤلفاته بهذه الصفة.

يعتبر كتابه ( احسن التقاسيم في معرفة الأقاليم ) مـن احسن كتب الجغرافية العامة في عصره، فهو يذكر عادات وتقاليد الأقوام الذين شاهدوا أحوال بلادهم، مـستفيداً في الوقت نفسه من الذين سبقوه، وهذا الكتاب يعتبر اشمل مرجع بالنسبة لعصره، والرجل من العارفين بحقائق علم الجغرافيا وهـذا واضح مـن خـلال مقدمـة الكتاب التـي تقترب مـن الدراسات العلمية الحديثة، فهو يذكر أن الكتاب يشمل ثلاثة أقسـام : **الأول** مـا عانـاه أثنـاء بحثه وتجواله بين الأقاليم والقسم **الثاني** ما سمعه من السابقين والقسم **الثالث** مـا وجده في الكتب القديمة حول الموضوع، ثم وصف ما شاهده وعرفه.

وقد دعـم كتابـه بـالخرائط الملونـة، فهـو يقول في هـذا الجـانب: رسـمنا حـدودهـا وخططها، وحررنا طرقها المعروفة بـالحمرة، وجعلنا رمالهـا الذهبيـة بالـصفرة، وبحارهـا بـالخضرة، و أنهارها المعروفة بالزرقة، وجبالها المشهورة بـالغبرة، ليقرب الوصـف الى الإفهـام، ويقف عليه الخاص والعام.

## بنوموسى

يعتبر **موسى بن شاكر** وبنوه الثلاثة محمد وأحمد وحسن من أشهر المشتغلين بعلم الفلك والرياضيات، وقد عاشوا في عصر المأمون وكانوا محل اهتمامه ورعايته، وقد انقطعوا للعلم.

كان محمد أكبر أبناء موسى وقد برع في الهندسة والنجوم وجمع كتب الهندسة والنجوم والمنطق، وقد علت منزلته واتسع حاله وكان دخله في السنة الواحدة مئات الألوف من الدنانير.

أما أحمد بن موسى، وهو أوسط إخوانه فقد برز في علم الميكانيكا، وانفرد أصغرهم الحسن بالهندسة. وكان والدهم عالم فلك وامتاز بازياجه الفلكية المشهورة أيام المأمون.

عاشوا في القرن التاسع الميلادي، ويقال أن والدهم أوصى المأمون قبل وفاته بأولاده الثلاثة، فعهد بهم المأمون إلى أحد العلماء وهو يحيى بن أبي منصور وكان أحد فلكي بيت الحكمة ببغداد والذي علمهم الميكانيكا والفلك والرياضيات. وقد جمع بنو موسى أموالا طائلة، وجذبوا حولهم علماء وأطباء ومترجمين كثيرين، منهم اسحق وثابت بن قرة، وكانوا لا يبخلون على العلوم بشيء، فقاموا بساحات كثيرة للدولة البيزنطية للحصول على الكتب، أقاموا في قصرهم الباذخ في بغداد مرصدا كاملا ووافيا، وكانوا يتمتعون في زمن المأمون بنفوذ هائل، فصاروا يكلفون بالمشاريع الفلكية والميكانيكية وبترجمة الكتب، ويقومون بدورهم بتكليف من يقوم لهم بها. وقد بحث بنو موسى في مراكز الثقل، وحددوا طرق استخدام ثقل الجسم المحمول، أي النقطة التي يتوازن عندها ثقل الجسم والحامل، وابتدعوا طريقة تقسيم الزاوية الى ثلاثة

أقسام متساوية، وتكوين الشكل الاهليجي مستخدمين دبوسين وخيط يساوي طوله ضعف طول المسافة بين الدبوسين وقلم يتحرك في نهاية الخيط المشدود. كذلك حدد بنو موسى وعلماء دار الحكمة البغدادية درجة خط الهاجرة، أي محيط الأرض، بكثير من الدقة، وقد اختاروا لهذا الغرض قطعة مستوية في صحراء سنجار، فسجلوا ارتفاع القطب الشمالي عند النقطة التي اختاروها، ثم ضربوا وتدا، وربطوا فيه حبلا طويلا وساروا شمالا حتى وصلوا الى مكان زاد فيه ارتفاع القطب عن الارتفاع الأول درجة كاملة ، فضربوا وتدا جديدا، ثم قاسوا المسافة بين الوتدين فوجودا أن الدرجة الواحدة يقابلها مسافة 66 ميلا وثلثان، وكرروا هذه العملية جنوبا فوجودا نفس الشيء. وبهذه الطريقة الفذة حددوا محيط الأرض بأقل قليلا مما قدره لها اراتوستين بالإسكندرية عام 230 ق. م ، أي بحوالي 24 ألف ميلا، وحددوا ميل دائرة البروج بحوالي 23 درجة و 35 ثانية .ويكاد يكون من المستحيل فصل أعمال بني موسى كلا على حدة، أو عن أعمال مساعديهم من أفذاذ العلماء الذين عملوا معهم، ولعل أهم ما خلفوه من ترجمات هو كتاب أرخميدس ( **حول قياس الأشكال المسطحة والمستديرة**) الذي ترجمه جيراردو الكريموني الى اللاتينية في القرن 12 الميلادي تحت اسم ( **أقوال بني شاكر**)، ودرسه ابرز زعماء النهضة الأوروبية مثل رجوجر بيكون، ولهم أيضا ( **كتاب الحيل**)، المسمى أحيانا ( **حيل بني موسى**) والذي نقل أخيرا الى الإنجليزية، يعتبر هذا الكتاب من أوائل الكتب التي الفت بالعربية في علوم الحيل أو الميكانيكا..

ولهم كذلك كتاب ( **في مراكز الأثقال**)، و ( **كتاب في القرسطون**)، و ( **كتاب في قسم الزاوية الى ثلاثة أقسام** )، و ( **كتاب في مساحة الاكر**).

# ابن النفيس ، علاء الدين علي بن آبي الحزم

### 607 - 687 هـ
### - 1211 م

ولد عام 607 هـ -1211م ، في قرية صغيرة قرب دمشق تدعى قرش، والتي هـي اليوم جزء من حي الميدان في مدينة دمشق.

درس في صباه الفقـه والحـديث وعلـوم العربيـة، ثـم انتقـل الى دراسـة الطـب في البيمارستان النوري في دمشق وتتلمذ على يد كبار علمائها أمثال مهذب الـدين عبد الرحيم الداخور، الذي اصبح طبيباً لصلاح الدين الأيوبي ولنور الدين زنكي وولديه الإشراف والكامـل، وكان أيضاً رئيساً لأطباء سوريا ومصر في تلك الفترة، وتتلمذ على يد عمران بـن صدقة الـذي كان يعمل في البيمارستان النوري في دمشق.

وكان في دمشق في ذلك الوقت مكتبة ضخمة ضمت اشهر مؤلفات الطب، فاطلع عـلى الطب اليوناني القديم، وعلى كتب ابن سينا، وصار إماماً في الطب، واصبح معروفاً باسم " ابن النفيس".

استدعاه السلطان الكامل محمد الأيوبي إلى مصر، حيث استقر وعمل في البيمارستان الذي بناه صلاح الدين الأيوبي ، ثم تولى رئاسة البيمارستان المنصوري الذي بناه المنصوري سيف الدين قلاوون، وساهم أثناء استقراره في مصر في علاج الناس من الوباء الذي فتك بمصر عام 671 هـ

عارض آراء جالينوس وابن سينا في المواطن التي تقتضي ذلك، وكان محقاً في انتقاده لهم.

كان الرجل مثالاً للعالم المبدع الذي يقتنع بالحجة والملاحظة، ويمتاز بدقة الملاحظة والبحث ومواصلة الدراسة حيث أنه درس جالينوس وابقراط وابن سينا متبعاً ما يجده صحيحاً ومنتقداً ما يكتشف خطأه.

ولعل أهم اكتشافات ابن النفيس العظيمة هو اكتشافه **للدورة الدموية الصغرى** والذي ينسب في الغرب لوليم هارفي عام 1628، أي بعد اكتشاف ابن النفيس بحوالي أربعة قرون، وطبعاً هناك من الأدلة الأكيدة على استقاء وليم هارفي ومن سبقوه من علماء الغرب معلوماتهم المتعلقة بالدورة الدموية الصغرى من ابن النفيس.

ظل اكتشاف ابن النفيس للدورة الدموية الصغرى ( الرئوية) مجهولا للمعاصرين حتى عثر الدكتور محيي الدين التطاوي أثناء دراسته لتاريخ الطب العربي على مخطوط في مكتبة برلين بعنوان تشريح القانون ( **أي قانون ابن سينا**) فعني بدراسته واعد حوله رسالة لنيل الدكتوراه من جامعة فرايبورج بألمانيا موضوعها " **الدورة الدموية** " ولجهل أساتذته بالعربية أرسلوا نسخة من الرسالة للمستشرق الألماني مايرهوف ( المقيم بالقاهرة وقتها) فأيد مايرهو التطاوي وابلغ الخبر الى المؤرخ جورج سارتون الذي نشره في آخر جزء من كتابه " مقدمة الى تاريخ العلوم.

ومن تصحيحات هذا العالم في ميادين التشريح تصحيحه لخطأ تشريحي وقع فيه ابن سينا وجالينوس ، عندما أكدا بأن العصبين البصرين لا يتقاطعان بل يتلامسان، فأكد خلاف ذلك.

**من اهم مؤلفاته :**

- **في الطب :**

● الشامل في الصناعة الطبية.

● المهذب في الكحل.

● بغية الطالبين وحجة المتطببين.

● المختار في الأغذية: لم يذكر في أي ترجمة من تراجمه ، ولكنه موجود في مكتبة برلين.

● الرماد.

● شرح تشريح القانون : جمع فيه أجزاء التشريح المتفرقة في كتاب القانون لابن سينا وشرحها، وفيه وصف الدورة الدموية الصغرى.

● شرح فصول ابقراط .

● شرح تشريح جالينوس.

● تعليق على كتاب الأوبئة لابقراط.

● شرح مسائل حنين بن اسحق.

● شرح القانون.

● شرح مفردات القانون.

● كتاب موجز القانون: تناول كل أجزاء القانون فيما عدا التشريح ووظائف الأعضاء.

● تفسير العلل و أسباب الإمراض.

● شرح الهداية في الطب.

- في غير الطب:

● طريق الفصاحة في النحو.

● شرح لكتاب التنبيه في فروع الشافعية لأبي اسحق إبراهيم الشيرازي.

● شرح الإشارات لابن سينا في المنطق.

● الرسالة الكاملية في السيرة.

● مختصر في علم أصول الحديث.

● شرح كتاب الشفاء لابن سينا: كتاب الشفاء شمل المنطق والطبيعة والفلك والحساب والعلوم الإلهية.

● شرح الهداية لابن سينا في المنطق.

# ابن الهيثم

**هو أبو علي محمد بن الحسن بن الهيثم**، ولد في مدينة البصرة عام 354 هجري، 965 ميلادي، يعد من اعظم علماء الطبيعة في كل العصور، وعرفته أوروبـا بـاسـم ( الهـازن) وهـو تحريف لكلمة الحسن.

اطلع على كتب مـن سبقوه في علـوم الفلسفة والطب والهندسة والفلك والفيزيـاء والكيمياء ، وعني بتلخيصها وشرحها ، ثم جعل يؤلف فيهـا، وكـان في عمله يأخـذ بالاستقراء ويعتمد على المشاهدة.

كما برع في الطب وتأهل كطبيب ممارس لهذه المهنة في بغداد، وتخصص في طب العيون، وهو ما كان يعرف قديماً طب الكحالة.

كان كثير الأسفار، فبعد أن نشأ وتربى في البصرة، سافر الى الشام و أقام عند أحـد أمرائهـا، ثم استدعاه الحاكم بأمر الله الفاطمي الى بلاطه في القاهرة، خاصة بعد أن علم بعلو مقام ابن الهيثم في العلوم، فحب أن يضمه الى علمائه وخرج لاستقباله خارج القاهرة.

حاول الحاكم بأمر الله الاستفادة من بن الهيثم وقدرته على تنظيم أمور النيل، وكـان الحاكم قد سمع بمقولته عن قدرته على تنظيم أمور النيل، بحيث يصلح للري في كافة أوقـات السنة، فاستدعاه الى بلاطه، و أمده بما يريد للقيام بهذا المشروع، ولكـن ابن الهيثم بعـد أن حدد مكان إقامة المشروع ( هـو نفس مكان السـد العـالي المقـام حاليـاً) ، أدرك صعوبة أو استحالة إقامة المشروع بإمكانات عصره، فاعتذر للحاكم بأمر الله.

بعد ذلك اتخذ من غرفة بجوار الجامع الأزهر سكناً، ومـن مهنـة نسخ بعض الكتـب العالمية مورداً لرزقه، هذا بخلاف التأليف والترجمة، حيث كلن

متمكنا من عدة لغات، وتفرغ في سائر وقته للتأليف والتجربة، وذلك حتى وفاته في عام 1039م ،وقد وصل ما كتبه الى 234 مخطوطة ورسالة في مختلف فروع العلم والمعرفة، وقد اختفى جز كبير من هذه المؤلفات، وان كان ما بقي منها أعطى لنا صورة واضحة عن عبقرية الرجل، وإنجازاته العلمية.

برع ابن الهيثم في كثير من فروع المعرفة ، فقد كان عالماً فذاً في : البصريات، الرياضيات، الطب، والفلك.

تميز ابن الهيثم بالموضوعية والنزاهة وكان يتبع منهجاً علمياً يتضح من خلال اطلاعه على آراء سابقيه بعين ناقدة متفحصة، لا بعين ناقلة كما هو الحال بالنسبة لعلماء وفلاسفة اليونان، وكان ابن الهيثم يقوم بافتراض الفرضيات لتفسير الملاحظات ويتأكد من صحة الفرضيات بإجراء التجارب وهذا يبرز جلياً في دراسات ابن الهيثم المتعلقة بعلم الضوء، كما أن طريقة ابن الهيثم العلمية واضحة كل الوضوح، فهو يبدأ بتحديد الموضوع الذي يكب فيه شأنه فيذلك شأن العلماء المعاصرين .

أبدع ابن الهيثم في **علم الضوء** وهو مؤسس هذا العلم على أسسه الصحيحة، وقد تتلمذ رواد أوروبا على إنجازاته في هذا الفرع من فروع المعرفة البشرية.

وكان من أهم إنجازات ابن الهيثم في علم الضوء تصنيفه لهذا العلم الى صنفين، الأول وهو ما يتعلق بماهية الضوء و الآخر ما يتعلق بكيفية إشراق الضوء، وهو نفس التصنيف الذي يتبعه علماء الضوء في وقتنا الحاضر.

كما أن له دراسات مبتكرة تتعلق بانعكاس الضوء وانكساره خلال مروره من وسط شفاف الى آخر عنه في درجة الشفافية.

واثبت ابن الهيثم أن الضوء ينعكس من الأشياء التي نبصرها ثم يُرد إلى العين بخلاف ما كان متعارفاً عليه عند علماء اليونان عندما قالوا بنظرية الـشعاع، أي خـروج شـعاع مـن البصر إلى الأشياء حين أبصارها.

وكان ابن الهيثم يتبع منهجاً علمياً يعتمد فيه عـلى الاسـتقراء والقياس والمـشاهدة والتجربة.

ويقول علماء البصريات: أن علم البصريات وصل الى أعلى درجة مـن التقـدم بفضل ابن الهيثم ، حتى لقبه العلماء ( **أمير النور**).

**مساهمة في علم الفلك**

أما في علم الفلك فلابـن الهيـثم حـوالي 20 مخطوطـة في هـذا المجـال، وقد اسـتخدم عبقريته الرياضية في مناقشة كثير مـن الأمور الفلكيـة، كـما نـاقش في رسـائله بعـض الأمور الفلكية مناقشة منطقية ، عكست عبقرية الرجل من جانب، ومن جانـب آخـر عمق خبرتـه وعلمه بالفلك .

## ومن أهم مؤلفاته:

- ارتفاع القطب.
- وفيه استخراج ارتفاع القطب، وتحديد خط عرض أي مكان.
- أضواء الكواكب.
- اختلاف منظر القمر.
- ضوء القمر.
- واثبت أن القمر يعكس ضوء الشمس وليس له ضوء ذاتي.
- الأثر الذي في وجه القمر.

وفيها ناقش الخطوط التي تُرى في وجهه القمر، وتوصل الى أن القمر يتكون من عدة عناصر، يختلف ك منها في امتصاص وعكس الضوء الساقط عليه من الشمس، ومن ثم يظهر هذا الأثر.

- مقالة في التنبيه على مواضع الغلط في كيفية الرصد.
- تصحيح الأعمال النجومية- ارتفاعات الكواكب.

**مساهمة في علم الحركة ( ميكانيكا )**

أما في علم الميكانيكا كانت دراسته للظواهر الميكانيكية في إطار تجاربه في علم الضوء، ولكنه توصل الى رصد ما يلي:

- أن للحركة نوعين :

- **الحركة الطبيعية.**

وهي حركة الجسم بتأثير من وزنه، وهو ما يعرف الآن باسم " السقوط الحر".

- **الحركة العرضية .**

وهي التي تنتج من تأثير عامل خارجي ( القوة)، وهو يرى في الجسم الساقط سقوطا حرا أن سرعته تكون أقوى و أسرع إذا كانت مسافته أطول، وتعتمد بالتالي سرعته على ثقله والمسافة التي يقطعها.

- **تحليل حركة الجسم :**

ينظر ابن الهيثم الى حركة الجسم أنها مركبة من قسطين ( مركبتين)، واحدة باتجاه الأفق، والأخرى باتجاه العمود على الأفق، وان الزاوية بين المركبتين قائمة، وان السرعة التي يتحرك بها الجسم هو محصلة هذين القسطين.

- درس تغير سرعة الأجسام عند تصادمها بحسب خصائص هذه الأجسام وميز بين الاصطدام المرن، وغير المرن، وكان ذلك عند تجربته بإلقاء كرة من الصلب ( في دراسته لانعكاس الضوء) على سطح من الحديد، وسقوطها على سطح من الخشب أو التراب.

**مؤلفاته الأخرى:**

ذكر أن لابن الهيثم ما يقرب من مئتي كتاب، خلا رسائل كثيرة، فقد ألف في **الهندسة والطبيعيات، والفلك، والحساب والجبر والطب والمنطق والأخلاق**، بلغ منها ما يتعلق بالرياضيات والعلوم التعليمية، خمسة وعشرين، وما يتعلق منها بالفلسفة والفيزياء، ثلاثة و أربعين، أما ما كتبه في الطب فقد بلغ ثلاثين جزءاً، وهو كتاب في **الصناعات الطبية** نظمه من جمل وجوامع ما رآه مناسباً من كتب غالينوس، وهو ثلاثون كتاباً: **الأول في البرهان**، والثاني **في فرق الطب**، والثالث **في الصناعة الصغيرة**، والرابع **في التشريح**، والخامس في القوى الطبيعية، والسادس في منافع الأعضاء، والسابع في آراء ابقراط وأفلاطون، والثامن في المني، والتاسع في الصوت، والعاشر في العلل والأعراض، والحادي عشر في أصناف الحميات، والثاني عشر في البحران، والثالث عشر في النبض الكبير، والرابع عشر في الاسطقيات على رأي ابقراط، والخامس عشر في المزاج والسادس عشر في قوى الأدوية المفرد، والسابع عشر في قوى الأدوية المركبة والثامن عشر في موضوعات الأعضاء الالمة، والتاسع عشر في حلية البرء، والعشرون في حفظ الصحة، والحادي والعشرون في جودة الكيموس ورداءته، والثاني والعشرون في أمراض العين، والثالث والعشرون في أن قوى النفس تابعة لزاج البدن، والرابع والعشرون في سوء المزاج المختلف، والخامس والعشرون في أيام البحرن، والسادس والعشرون في الكثرة، والسابع والعشرون في استعمال الفصد لشفاء الأمراض، والثامن والعشرون في الذبول، والتاسع والعشرون في افضل هيئات البدن، والثلاثون جمع حنين ابن اسحق من كلام غالينوس وكلام ابقراط في الأغذية، وتبين من تعداد هذه المصنفات انه ألف في شؤون طبية هامة نقل معظمها عن غالينوس، ولكنه علق عليها وزاد فيها، و ألف كتبا أخرى، ذات صلة بالطب والمعالجة، كرسالته في تأثير اللحون الموسيقية، في النفوس الحيوانية، وذلك في وقت لم تكن فيه معالجة بعض

الأمراض النفسية، بالألحان الموسيقية قد وجدت طريقها أو احتلت مكانها في دنيا المعالجات النفسية.

**و ألف أيضاً:**

- كتاب المناظر.
- اختلاف منظر القمر.
- رؤية الكواكب.
- التنبيه على ما في الرصد من الغلط.
- أصول المساحة.
- أعمدة المثلثات.
- المرايا المحرقة بالقطوع.
- المرايا المحرقة بالدوائر.
- كيفيات الإظلال.
- رسالة في الشفق.
- شرح أصول اقليدس.
- مقالة في صورة الكسوف.
- رسالة في مساحة المجسم المكافئ.
- مقالة في تربيع الدائرة.
- مقالة مستنقصاه في الأشكال الهلالية.
- خواص المثلث من جهة العمود.
- القول المعروف بالغريب في حساب المعاملات.
- قول في مساح الكرة.

# ياقوت الحموي

## 574- 626 هـ
## 1178 – 1229 م

**هو أبو عبد اللـه شهاب الدين ياقوت بـن عبد اللـه الحمـوي الرومي،** رحالـة ، جغرافي ، أديب ، شاعر ولغوي، ولد ببلاد الروم، وهو عربي الأصل مـن مدينة حـماة وقد اسـر الروم والده في غارة لهم على مدينة حـماة، ولم يستطع الحمدانيون فداءه مثل غـيره مـن العرب، فبقي أسيرا هناك وتزوج من فتاة رومية فقيرة انجبت " ياقوتا" ، وانتقل يـاقوت إلى بغداد وهو طفل، وكان واليه التاجر عسكر بـن أبي نصر البغـدادي، وعاملـه عسـكر معاملـة الابن ، وقد حفظ القرآن الكريم في مسجد متواضع هو المسجد الزيدي بحارة ابن دينار على يد مقرئ جيد ، وتعلم القراءة والكتابة والحساب، وحين أتقن ياقوت القراءة والكتابة راح يتردد على مكتبة مسجد الزيدي يقرأ بها الكتب ، وكان إمام الجامع يـشجعه ويعيره الكتـب ليقرأها.

وعلمه عسكر شؤون التجارة وعمل معه بمتجره، وسـافر معـه إلى عـدة بـلاد وكانـت أولى أسفاره إلى جزيرة كيش في جنوب الخليج العربي، وكانت جزيرة شهيرة في وقتها بالتجارة، وتوالت أسفار ياقوت إلى بلاد فارس والشام والجزيرة العربية وفلسطين ومصر، وحـين اطمـأن عسكر لخبرته بالتجارة مكث في بغداد وكان ياقوت يسافر بمفرده وكان أثناء رحلاته يدون ملاحظاتـه الخاصـة عـن الأمـاكن والبلدان والمسـاجد والقصور والآثـار القديمـة والحديثـة والحكايات والأساطير والغرائب والطرائف.

وفي عام 597 هـ - 1200 م ترك ياقوت تجارة عسكر وفتح دكانا متواضعا بحي الكرخ ينسخ فيه الكتب لمن يقصده من طلاب العلم، وجعل جدران الدكان رفوفا يضع بها ما لديه من الكتب التي اشتراها أثناء رحلاته وتلك التي نسخها بيده من مكتبة مسجد الزيدي، وكان في الليل يفرغ للقراءة، و أدرك ياقوت أهمية التمكن من اللغة والأدب والتاريخ والشعر فنظم لنفسه أوقاتا لدراسة اللغة على يد ابن يعيش النحوي، والأدب على يد الأديب اللغوي العبكري، وعندما بلغ ياقوت خمسا وعشرين سنة وتمكن من العلوم المختلفة وشعر أن خبراته الجغرافية قد نضجت عاود السفر مرة أخرى، وعمل في تجارة الكتب، فزار فارس ولقي علماءها وأدباءها وسافر الى الشام وزار موطنه الأصلي حماة، وزار نيسابور وتزوج هناك ومكث عامين، ولكنه لم يستطع الاستقرار طويلا فعاود السفر وتجارة الكتب مرة أخرى بين مدائن خراسان، ومر بمدينة هراة وسرخس ومرو، وكانت مدينة جميلة، فقرر أن يمكث بها فهي مركز ثقافي هام، وكان ياقوت يختبر ما يسمعه من أخبار عن المدينة فقد سمع مثلا عن أهالي مرو انهم بخلاء، ولكنه وجدهم ليني الأخلاق، يؤثرون الاقتصاد والاعتدال ويكرهون الإسراف وفي مرو وضع عددا من الكتب، وبدأ في إنجاز مشروعه الكبير لتأليف معجم جغرافي يدون به أسماء البلدان وما سمعه ورآه عنها محققا أسماءها ذاكرا لموقعها الدقيق مراعيا الدقة والتحقيق ذاكرا خطوط الطول والعرض وموضحا لتاريخها وحكاياتها وأخبارها ، وهو **معجم البلدان** ومع اجتياح المغول لمرو هرب ياقوت الحموي الى الموصل و أنجز بها معجم الأدباء، وسافر بعد ذلك الى حلب وكان في رعاية واليها الوزير والعالم المؤرخ القفطي الذي رحب به

وجعل له راتبا من بيت المال وقد كان ياقوت معجبا بالوالي لعلمه ، فقد قرأ كتبه في بغداد ، وقضى ياقوت في حلب خمس سنوات أنهى فيها الكتابة الأولى لمعجم البلدان وكان قد بلغ من العمر خمسة و أربعين عاما.

ويروى أن سبب تأليف ياقوت لهذا المعجم أن سائلا قد سأله عن موضع سوق حُباشة بالضم ، ولكنه نطقها بالفتح ، و أصر على صحة نطقه وتحقق ياقوت من صحة نطق الاسم ، فتأكد من صواب نطقه هو للاسم فقرر أن يضع معجما للبلدان.

وعاود ياقوت السفر مرة أخرى الى سورية وفلسطين ومصر، وكان يودع دائما المعلومات الجديدة التي يجمعها في معجمه ، فظل يصحح فيه ويضبطه، وقد طلب من صديقه المؤرخ ابن الأثير أن يضع نسخة من كتابه في مكتبة مسجد الزيدي ببغداد الجامع الذي شهد أولى مراحله التعليمية، وقد طلب القفطي منه أن يختصر المعجم لكنه رفض لاعتقاده أن الاختصار يشوه الكتب ويفقدها الكثير من قيمتها العلمية.

أشتهر أيضاً بكتابه " **إرشاد الأريب الى معرفة الأديب**" ، الذي جمع فيه أخبار الأدباء الى أيامه، ورتبهم فيه حسب حروف المعجم، و أشار الى من اشتغل منهم بالكتابة أو الوراقة أو النسخ أو الشعر، ويعتبر الكتاب موسوعة ضخمة للأدباء، ذكر ياقوت في مقدمته كتب التراجم الكثيرة التي استفاد منها، وتدل القائمة الكبيرة التي ذكرها على أنه علم من أعلام مؤلفي الموسوعات في التاريخ، كما يدل على ذلك أيضاً تأليفه كتاب " **معجم البلدان** " ، وهو موسوعة جغرافية ضخمة تستغرق مجلدات ، رتبت هي الأخرى على حروف المعجم.

**من مؤلفاته الأخرى:**

- مراصد الاطلاع على أسماء الأمكنة والبقاع.
- المشترك وضعاً من أسماء البلدان والمختلف صقعاً من الأقاليم.
- معجم الأدباء.
- المقتضب في النسب.
- أخبار المتنبي.
- انساب العرب.

# ابن يونس

ولد أبو سعيد علي بن عبد الرحمن بن احمد بن يونس في مصر، وهو سليل أسرة اشتهرت بالعلم، فجده صاحب الأمام الشافعي وكان مختصاً في ميدان علم النجوم، أما والده عبد الرحمن فكان محدث مصر ومؤرخها ، لذلك فلا غرابة أن يرث ابن يونس النبوغ، حتى انه ليعد أعظم فلكي بعد البوزجاني والبتاني خلال القرن الرابع الهجري.

لقد قدر الفاطميون لابن يونس علمه وفضله فأجزلوا له العطاء وشجعوه على إجراء بحوثه ، وبنو له مرصداً على جبل المقطم قرب الفسطاط، وجهزوه بكل ما يلزم من الآلات والمعدات، وطلب إليه العزيز الفاطمي أن يؤلف دائرة معارف في علم الهيئة والفلك، وقد بدأها في عهد العزيز و أتمها في عهد ابنه الحكم وسماها " **الزيج الحاكمي**" وهو من أطول الازياج ويقع في أربعة مجلدات، وتم ترجمته الى الفرنسية من قبل العالم كوسان، واشتمل كتابه على أرصاد الفلكيين القدامي في مجال الخسوف والكسوف، وكان يهدف من وراء أرصاده معرفة صحة ما وصل إليه السابقون وصدق ما وصلوا إليه وموافقتها أو مخالفتها لقوانين الطبيعة، وقد توصل الى رصد خسوف القمر وكسوف الشمس، وصحح ميل دائرة البروج وزاوية اختلاف النظر للشمس وكذلك شرح ماهية الإشعاع عن النجوم.

وقد وصف في كتابه " **الزيج الحاكمي**" الطريقة التي اتبعها فلكيو العرب والمسلمين في عهد المأمون في قياس محيط الأرض.

ومن اختراعاته الهامة اختراعه **لبندول الساعة** والذي استخدمه في الساعات الدقاقة، وقد سبق بذلك جاليليو بعدة قرون وكان يستخدم هذا البندول أيضاً لحساب الفترات أثناء عمليات الرصد.

وقد برع ابن يونس أيضاً في علم الرياضيات وهو مكتشف ( **حساب الأقواس**) ، فهو قد مهد لاكتشاف اللوغاريتمات.

وابن يونس هو الذي رصد كسوف الشمس وخسوف القمر عام 987 في القاهرة، واثبت فيها تزايد حركة القمر، وحسب ميل دائرة البروج فجاءت أدق ما عرف قبل إدخال الآلات الفلكية الحديثة، وتقديرا لجهوده الفلكية تم إطلاق اسمه على إحدى مناطق السطح غير المرئي من القمر.

# المراجع

1- أحمد تيمور. المهندسون في العصور الإسلامية. القاهرة : دار نهضة مصر للطباعة والنشر ، ( - 19).
2- ابن أبي اصيبعة . عيون الأنباء في طبقات الأطباء، تحقيق نزار رضا . بيروت : دار مكتبة الحياة، 1965.

3- بركات البطانية. مقدمة في علم الفلك .- اربد : المؤلف ، 1994.
4- بسام سعد. للأذكياء فقط في العلوم.- بيروت: دار صادر، 1977.
5- بنك المعلومات. ترجمة محمود برهوم ونقولا ناصر.- عمان: دار الفكر، 1994.
6- حسان عبابده .اكتشافات واختراعات علمية غيرت العالم .- عمان دار صفاء للنشر والتوزيع ، 2003 .

7- خير الدين الزركلي. الأعلام : قاموس تراجم لاشهر الرجال والنساء من العرب والمستعربين والمستشرقين .- ط3 . بيروت : المؤلف ، 1969.
8- الذهبي، شمس الدين محمد بن احمد بن عثمان . سير أعلام النبلاء. ط11 . بيروت: مؤسسة الرسالة ، 1996.
9- علي عبد الله الدفاع. نوابغ علماء العرب والمسلمين في الرياضيات نيويورك: دار جون وايلي، 1978.
10- كامل العسلي. مقدمة في تاريخ الطب في القدس .....- عمان: الجامعة الأردنية، 1994.

11- مشهور حمود. موسوعة العالم الإسلامي.- عمان : وكالة النعيم، 1994.

12- منير البعلبكي. المورد.- بيروت: مكتبة لبنان، 2001.

13- موريس شربل. موسوعة المكتشفين والمخترعين.- بيروت دار الكتب العلمية،1991.

14- الموسوعة العلمية الشاملة.- بيروت: مكتبة لبنان، 1998.

15- نشأت حمارنة . تاريخ أطباء العيون. عمان : المؤلف ، ( 19 - ).

16- يوسف محمود. الإنجازات العلمية في الحضارة الإسلامية -عمان : دار البشير،1994.